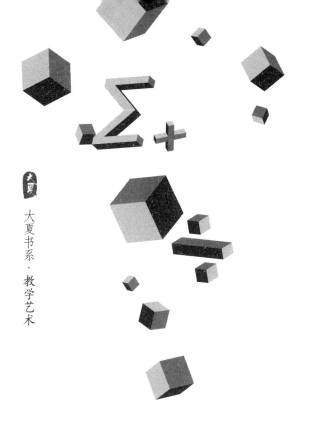

名师备课
新思维

雷玲　主编

大夏

大夏书系·教学艺术

数学卷

华东师范大学出版社

著名商标
上海市

ECNUP

全国百佳图书出版单位

目 录

第二篇　创新备课

第三篇　特色备课

1

有效备课

让学生在课堂上真正动起来，让课堂真正活起来，力争达到课堂效益的最大化，这是教师在有效备课后所产生的积极课堂效应。有效备课理念，倡导老师在备课时要从学生、课程、情境、自己和设计等五个方面进行行动，遵循有效备课的行动原则，尊重学生的认知规律，从学生的学习活动、情感发展等方面出发，挖掘教材、创新教材，利用一切有效课程资源，搭建有效教学平台，从而在备课过程中做到"知己知彼，百战不殆"。

刘可钦、林良富、林俊、刘松等名师强调的"备课中预约精彩""三思多问""研读教材"等新理念、新思维，为教师的有效备课提供了可学好用的文本案例。

备课预约出的精彩

北京市中关村第三小学 刘可钦（特级教师）

　　显然，备一节好课，与教师的经验积累、教学悟性、学习意识、交流意识有着很大的关系，所以，要读书、要与同伴与名师对话、要实践、要反思等等成为青年教师成长的一条必由之路，可以说，没有捷径可寻。"备教材、备学生、备教法"也基本成为广大教师备课的一个重要法则了。

　　然而，随着新课程的不断深入，课堂教学越来越趋向活跃，学生包括教师也越来越不满足于单纯地讲或听的学习方式了，学习方式正趋于多样化，我们面临的挑战也越来越多。课堂教学，从来没有像今天这样变得如此开放，教学工作也因此需要增加专业的含量，高备课质量也就成为保证课堂教学的一个重要环节。怎样备一节好课，或者说，教师备课的基本功如何修炼与提升？我认为，很难找到一个万能的方法供所有的人使用，我只是结合自己的教学实践谈一些体会，从另一个方面看教学、看课堂，希望能对备课产生另一种启发。

一、注重对教学过程的设计

　　"备好课是上好课的前提。"从走上讲台的第一天起，我的师父就这样谆谆教诲我。于是，我每天的工作就进入了一个循环程序：备课—上课—改作业—备课，由于重复而显得单调乏味。忽然，我有了一次讲公开课的机会，备经典课就成了那一段日子里的一项重要工作。经过一次次试讲、一次次修改，到了正式上课时，教师的那份激情早已被磨灭，因为大脑里装的都是教案里的程序和过渡语，对于突发状况，唯一的处理原则就是：尽量淡化，以免节外生枝。课自然顺顺溜溜地上了下来，但课后自己总觉得缺了点什么。

上这样的课，在备课时，我首先想的是"我怎样讲"，所以，备出来的课也是围绕"教师怎样讲"展开的，自然一节课最终要以能够顺利地完成预定程序为立足点，由此带来的课堂教学中的按部就班、一问一答的形式也就不奇怪了。

所谓的精彩，往往体现在教师个人的素质和一些精美的课件上，而缺乏的正是围绕某个问题引导学生与学生、学生与教师之间的互动、对话和交流，这些课堂本质的东西恰恰是最容易丢掉的。由此我想到，把备课称为教学设计，更能让人在备课之时、上课之前，就感受到课堂教学中的智慧的涌动、心灵的对话。

所以，教学设计不等于单纯的备课，传统的备课即以知识的最终获得为目的，是直线型的。而教学设计是要预测教材内容、学习环境、教师行为所引起的效果，并规划自己的教学行为，即形成设想或预想，这是一节课成功的前提。

备课凭借的依据是教材和教参，以及自己多年来积累的经验。备课的目的是设法使自己能够把教材上的知识讲清楚，让学生能够听明白，能够进行模仿练习，能够在各种学业考试中获得高分。

教学设计则是教师具备一定的教育理论素养之后，对教学工作的一种新认识。它将教师施教之前的工作看成是一种智慧的再创造，它需要将知识、情感、学生以及教学方法等多种因素巧妙地整合在一起，以达到育人的目的。

只注重备课的教师，以将课本知识传递给学生为己任；注重教学设计的教师则把自己看成一位"工程师"，考虑让学生获得知识，更关注学生在获得知识过程中的情感体验、学生的创造以及潜能的发挥。

只注重备课的教师，关心的是课堂上如何按预计的方案完成任务，不期望教学中有意外的事情发生；而注重教学设计的教师，则以不断体会和把握教学规律为目的，在追求预设目标实现的同时，更加追求课堂教学中的生成性目标，不断追求课堂教学的创造性，教学的魅力不断闪现。

因此，注重备课的教师，想的是"我怎样讲书上的知识"，却很少去考虑"学生怎样想"；关心的也是自己采用什么方法，在教学环节上缺乏让学生去探究的方式，更没有让学生通过交流碰撞去获得知识和产生良好的体验，一切都在教师的掌控之中。而把备课工作首先作为一种教学设计的教师，不仅要关心学生知道些什么，而且要关心他们是怎样学到的，怎样从一个错误的理解变为正确的认识，把教师的"教"放在如何引领学生去"学"上，他会为学生设计一些学习材料，设计一个有挑战性的问题，放手让学生去学习，鼓励学生在交流中、在不同观点的碰撞中掌握知识，获得能力上的发展。

也许，这样会在课堂上出现意想不到的问题，也许还会使教师不知如何处置；但是，正因为这种学习的真实以及教师与学生的平等对话，课堂上往往容易出现精彩的瞬间，而这许多个精彩瞬间往往会对学生产生久远的影响。所以，将备课说成是教学设计，并不仅仅是一个名称的替换，或许我们还会永远用"备课"这个词，但它的背后却是一种教学观念的更新。

二、注重对不同教学思路的追问

有一次备《圆的周长》一课，我与几位教师一起先后设计了几个方案，因为不同的教学思路决定着不同的教学方式。

第一种方法，教师为学生提供用硬纸剪的大小不同的圆和相关的学习材料，学生分小组按教师所提的要求先测量出每个圆的周长和直径，再通过计算，寻找圆周长与直径的关系，进而得出圆周长的计算公式。

第二种方法，教师也为学生提供大小不同的圆和相应的材料，所不同的是这些圆有的是用硬纸做的，有的是用软布做的，有的直接画在一张纸上没有剪下来，同样是让学生分小组探索圆周长与直径的关系。

粗看起来，这两种方式并无太大的差异，都注意到了让学生通过动手操作积极参与学习过程；但细细分析，两者为学生提供的探索空间却有着明显的差别。

第一种设计，虽然也为学生的主动探索提供了一些机会，但依然将关注点放在了计算公式的导出和运用上。因为无论学生测量多少个圆的周长，由于每个圆都是用硬纸剪裁的，只是大小不同而已，得出周长的方法无非是滚动法或绕绳测量法两种方式，在这样的情境中，学生只能进行同一层次的思考，欠缺对问题的探究。

第二种设计，更关注学生主动探索与创造的可能，而不仅仅是为了得出计算公式。"想办法找出这些不同圆的周长"，学生在这个问题的导引下，通过积极合作，对于硬纸做的圆用滚动或绕绳的方法测出，但软布剪的圆不能这样量，怎么办呢？学生在欲罢不能的情境中，大脑细胞得以激活，诱发了探索与创造的欲望。在小组合作学习中，通过相互启发，用折叠的方法，先量出圆的 $\frac{1}{2}$ 或 $\frac{1}{4}$ 周长，再推算出整个周长。面对纸上画的圆不易直接测量周长这一问题，学生又自然转入探索周长与直径关系的研究。整个活动充满着挑战。教师为学生提供了充分的从事数学活动和交流的机会，学生则在自主探索的过程中真正理解和掌握了数学知识、数学思想和方法，在这一过程中所获得的数学活动经验又有助于学生形成一种积极的正确的情感和态度，为进一步的学习不断积累有效的经验。

经过比较、反思，我们一致认同了第二种方法，因为我们认为有意义的数学学习必须建立在学生主观愿望和知识经验的基础之上，有效的数学学习活动不能单纯地依赖模仿与记忆，动手实践、自主探索、交流反思是学生学习数学的重要方式。数学的学习不应成为简单的概念、法则、公式的掌握和熟练的过程，而应该具有探索性和思考性，鼓励学生经历数学的学习过程，让学生在解决问题的过程中发展自身的探索与创新精神。所以，课堂上学生投入了极高的热情和探究的欲望，教学取得了令人满意的效果。这种成功应该归于教师课前对学生学习过程的充分预设，也就是说，预设创造了宜于探索的学习氛围，提供了宜于探索的材料。

同样是列方程解应用题教学，不同的教学思路会带给学生不同的教学效果。

一种思路是：先引导学生复习含有未知数的文字题，接着出示例题，对例题进行非常细致的分析，诸如条件是什么，问题是什么，都交代得非常透彻，在此基础上理出题目中的数量关系，设未知数并列方程解答。然后学生模仿例题，一步步地做题，在熟练中获得一种技能。

另一种思路是：先出示例题（叫问题更为妥帖），鼓励学生或独立或小组合作学习，寻找问题中蕴含的所有的数量关系，让学生利用已有的知识和能力，尝试用多种方法解答此题。教师只组织学生就这些不同的解法作出比较，弄清每种解法的基本思路是什么，使学生在尝试比较的基础上悟出列方程解应用题的本质是将未知的问题当作已知的数据参与运算。

无疑，这后一种思路有助于对问题的解决，因为条件多了，学生解答时路子自然就宽了。最后，让学生从一组题目的解答中体验用方程解题的优越性及列方程解题的基本方法。

我们且不过多地分析细节之处，仅从两种教学思路背后所隐藏的教育观念（有些是教师所未意识到的）进行分析，不难看出，前者课堂的基本结构是"复习旧知—讲授新知—巩固新知"，体现出的是以知识的传授为目标，关注的是学生对新知"懂不懂"，至于学生自主解决问题、探究、合作等方面的发展，则考虑得很少。后者上课的基本结构是"问题情境—合作探究—解释应用"，体现的是以知识为载体，为学生创设自主探究、合作学习、体验成功的学习氛围，关注的是学生求知"会不会"及"能不能"。显然后者提供给学生的发展空间较大，它体现的正是现代主体教育观念。因此，教师要不断地扶植和巩固学生想要成为发现者的愿望，使学生成为"发现者""研究者""探索者"。

所以，虽然只是对一节课的不同想法，如果我们能够经常有意识地对不同教学思路加以分析，而不是仅停留在单纯比较其教学技术的层面上，那么，我们获得的教学体验也往往是更深刻的。我们有许多课不止上了一遍，如果能把其中的经验积累下来，透过不同方式去积极寻找相同的地方，就是对课堂规律的一种把握，同时也有助于形成属于自己的教学特色，这对教师而言是最为重要的专业成长过程。

三、注重学生之间的交流与质疑

也许，有些内容在备课中被忽略了，或许教师在备课时忘了把作业做一遍，以至于在课堂上出了点"偏差"，我想这些都是再常见不过的事了。我们不可能把所有问题都预想到，但我们应该知道哪些是重要的，哪些不一定非要教师讲过学生才会，要学会利用学生资源，让学生在交流与倾听中调整思路、掌握方法。

记得在学生刚刚学习一位数除两位数的知识时，作业中有一道题目：一副手套的价钱是 7 元，一双鞋子的价钱是 84 元，一双鞋子的价钱是一副手套价钱的几倍？当我让学生做这道题目时，学生开始窃窃私语。怎么回事？我让学生说说自己的意见。原来学生们觉得这道题目书上出错了，因为他们只是学习了一位数除两位数的口算方法，被除数十位和个位上的数都是刚好能被除数整除的，而这道题目中 84 的十位上的 8 除以 7 还余 1，对于这个"小尾巴"，学生不知道该怎么办。"还没学过，那怎么办？"我向孩子们征询意见。有一部分学生却又开始嚷嚷："我们会做，是不是……"学生迫不及待地开始交流各自的想法了：

生：可以把 84 分成 70 和 14，70÷7=10，14÷7=2，10+2=12，所以 84÷7=12。

生：7×10=70，7×11=77，77+7 就等于 84 了，所以 12×7=84，所以 84÷7=12。

生：7×10=70，84-70=14，14÷7=2，10+2=12，所以 84÷7=12。

生：我觉得与前面没什么不一样的，用竖式接着除下去就行了，同样商也是 12。

很多学生不由得点点头。学生展现在我眼前的这些不同的思路令我惊讶，他们是那样的聪慧，一句"我没觉得与前面学的有什么不一样，好像是学过的"同样令我惊讶，当我们成人因怕学生学习有困难而将知识分割成细小的知识点时，学生的理解却远远超出我们的想象，这就是今天的学生！

过去的教材在知识点上的安排往往是很细的，比如，学习百以内的加法要分成好几个小部分：整十数加整十数的、一位数加整十数的不进位的、一位数加整十数的进位的，还有两位数加两位数的进位的和不进位的，等等。乘除法的学习也是如此。这种编排体系的一个最大的好处就是，学生可以非常扎实地学习每一种情况下的计算题，但是在这些细小的知识点面前，在一切都是教师准备好的问题面前，学生往往也容易失去独立处理新问题时检索旧知识的能力，也很少出现"不同的观点"。所以，教师根据学习内容设计教学时，首先要考虑怎样把学生的学习置于一种挑战性的背景之下，让学生充分地表达、交流各自对问题的理解，在交流中、在教师的引导下，学生的学习将更加积极主动。

四、注重创造性地使用教材

知识的学习过程是一个接受的过程，更是一个创造的过程，每节课怎样让学生发现、探索、创造，是教师首先要考虑的核心问题。教师应该用学生的眼光来看教科书，精心选择学习材料，设计与学生共同学习的活动程序，让学生借助已有的知识和经验主动获取知识，探求解决问题的方法，课堂教学才能显现出应有的活力。

长期以来，教师习惯于照着教材去教，不敢越雷池一步。在推进新课程的进程中，教师不仅要研究教材，更要研究自己的学生，了解他们的生活经验，熟悉他们已有的知识背景。

提倡做反思型的教师，教师可以创造性地使用教材，也成为新一轮课程改革中的一个重要的声音。无论在课程设置上还是在课程内容及教材编排方式上的更新，新课程都给教师提供了广阔的创造空间，给他们带来了教学观念、方式的巨大改变。

但是，有的教师把创造性地使用教材仅等同于"更换内容"或"活动形式的变化"，把许多注意力放在调换教材内容或活动设计上，而忽略了自主开发、利用课程资源等其他因素，出现了对创造性地使用教材的狭隘、片面的理解。应该说，实验教材即是课程标准理念的载体，也是课堂教学的依托，教材是教师上课的重要依据，但绝不是唯一的依据。

新课程倡导教师要成为研究者，实验教材的编写也有意识地给教师留下研究和拓展的空间。可以说，教师创造性地使用教材是实验教材的重要组成部分，教师能根据自己的实际情况去创造性地使用教材，才能更好地体现新课程精神，实现教材所体现的课程目标。

我认为，创造性地使用教材可以在以下方面得到体现：当教材中呈现的问题情境与当地学生生活实际相差较远时，教师可以将其换成学生熟悉的事物；当教材提供的学习内容、数据信息等与本班学生实际状况有差距时，教师可以作适当调整；当教材安排的课时对本班学生来说过快或过慢时，教师可以结合本班实际调整自己的教学进度。当然，这些调整与变动是建立在对教材的研究与对学生的了解的基础上的。创造性地使用教材主要表现在对教材的灵活运用和对课程资源的综合、合理、有效利用上，这需要教师具有较强的课程意识，准确把握教材编写意图和教学目的，要避免形式化的倾向。创造性地使用教材是教学内容与教学方式综合优化的过程，是课程标准、教材内容与学生生活实际相联系的结晶，是教师智慧与学生创造力的有效融合。

例如 10 以内的加法表，过去一般的方法是给出现成的加法表，让学生找规律，然后进一步练习 10 以内的加法，其教学的着眼点在于计算技能的训练。实验教材大都立足于引导学生自己整理、发现规律，在整理的过程中自主发现。教材一般只提供给学生整理的方法："得数是 10 的算式有……""得数是 9 的算式有……"但考虑到全国的情况不同，学生年龄较小，又是初次接触此类题目，教材仍给出了整个加法表。

基于这样的背景，我把教学设计重心放在了如何培养学生梳理知识的能力上：让学生自主建构一个属于自己的加法表。我为学生提供了所有已学过的算式卡片，每组一套，还有一大张纸，采用小组合作的学习方式，让学生自主地把这些算式归类整理。显然，这样的教学设计有着相当大的教学"风险"，因为对学生能设计出什么样的表格，我没有一点把握。一个朴素的想法就是，"学生的能力不是与生俱来的，更不是一蹴而就的，需要一个过程，越是核心的、长久的能力，越需要一个较长的过程"。让学生自主整理加法表，可能带来的后果是完不成教学任务，但是我相信学生是能够自主学习的，我预想，假如真的一个方法也想不出来，教师此时再去教学生才具有真正的价值。

当让学生小组合作"为这些加法宝宝排排队"时，我要先让他们讨论按什么顺序排队，学生有些沉闷和不知所措，但经过两三分钟的静静思考，气氛开始活跃了，有的组是按共同商量好的顺序排队，有的组在排列的过程中不断尝试并发现规律，还有的学生是在一两位同学排列的过程中自己悟出规律后参与到小组的活动中去的，这一过程全体学生都积极地参与，有的挑算式，有的抹胶水，有的贴卡片。在全班交流时，竟出现了五种不同的排队方法，小组代表对自制的加法表进行解释，其他同学作补充，由于排队方法各异，大家都很好奇，聚精会神地听各组的发言，个别排错队的算式也在交流中得以更正。整节课上，学生都很投入，他们用分类的思想建构了一张有规律的、各不相同的加法表，经历和体验了寻找加法规律的过程与方法，在小组的操作与交流中体现了分工合作的团队精神，在挑算式的过程中又自然地进行了口算练习；虽然有些组未能完成一个完整的加法表，但这样的学习过程和经历，给学生带来的影响是积极的。

当然，我并不期望也不过分地去追求每节课的完美，但我一定要在每节课上让学生感受到尊重、平等、对话。从这个意义上讲，我们在备课的同时，就要设计留下一定的空间，也就是通常所说的"留白"，让学生在探索交流中、在不断的尝试和调整中，去碰撞出智慧的火花。一个有专业追求的教师，会用一生的智慧和心血，去追求课堂中那些精彩的瞬间。

有效教学设计的五种策略

根据自己的经验，我认为教师要进入教学最佳设计状态，就必须具有以下四种思维活动：一是体验专家的思维活动，即钻研以书面语言为载体出现在教材上的例题、习题、教参内容等；二是呈现学生的思维活动，教师根据对学生的了解程度，回想、联想、猜想学生参与教学活动的情境；三是激活自身的思维活动，教师必须思考自己在课堂上应如何引导学生学习专家的思维活动成果，在学生与专家的思维活动之间架设沟通的桥梁；四是整合课程资源的思维活动。教材是最基本的课程资源，教师和学生是最重要的课程资源，教师还必须跳到自身之外，把专家、学生、自我的思维活动进行整合，从而创设具体实践情境，使师生共同创造和开发课程。在设计过程中，无论是确定教学目标、安排教学内容、构思教学程序，还是选择教学方法、创设问题情境，都要充分展开这四种思维活动，使将要进行的课堂教学过程具有清晰的透明度和宽阔的动态生成空间。这种追求可以具体落实在以下五种设计策略中。

一、确定具体可行、三维整合的教学目标——指向策略

目标：教学之灵魂。教学目标是教学活动的出发点与归宿，是评价教学活动的重要依据。它绝不是为了完成教案文本而去履行的"公事"，而是保障教学过程中的师生具有明确的共同指向的必不可少的设计。教师在确定一堂课的教学目标时，既不能单纯地考虑认知性目标，也不能将发展性目标制定得面面俱到，失之笼统；既不能将三个维度的目标简单叠加，也不能将整体目标机械分割；而要在对教学内容和学生状态、对可能的期望发展进行分

析的基础上有机地统整三维目标。如设计教学"2、3、4的乘法口诀"，教学目标若是简单定为"熟记2、3、4的乘法口诀，会用口诀求出相应的乘法算式的积"，就显得过于注重知识技能目标，缺少对学生认识过程与方法的培养、对学生情感态度与价值观的思考。要做到三维目标的整合，在目标阐述上既要注意到知识技能的理解与掌握，又要强调在学习与应用的过程中熟记口诀，培养能力，同时还不应忽视在编口诀过程中体验学习的情感。

基于上述考虑，可以试着将教学目标制定为：

1. 让学生在学习2、3、4的乘法口诀的过程中，进一步理解乘法的意义，掌握2、3、4乘法口诀，提高应用乘法解决实际问题的能力；

2. 让学生在应用2、3、4乘法口诀的过程中，熟记这些乘法口诀；

3. 在编乘法口诀的过程中，培养学生的学习能力，积累学习情感，享受成功的喜悦。

上述目标指向，从知识体系上看已经打破了"就口诀教口诀"的单一被动模式，将其纳入整个"乘法系统"之中；从目标维度上看，已经将原来的单一目标变为了多元目标。但依据单元整体安排，结合学生实际细细推究，上述目标有些地方还不够具体，缺少可行性。如目标1中提到的"提高应用乘法解决实际问题的能力"，显然适合每节与乘法计算有关的课，而本课学生刚开始学习乘法口诀，应用口诀解决实际问题不是最主要的，可以不在目标中表述，如要表述可改为：在经历编、记、用口诀的过程中初步培养学生解决问题的能力。目标3过于"冠冕堂皇"，缺乏针对性，很难检测，不妨改为"体会用一句口诀计算两道乘法算式，感受学习乘法口诀的好处"。通过这样一次调整，这节课的三维目标既有机融合，又具体可行。由此看出，我们在确定目标时一定要处理好基础与发展、创新的关系，使知识学习和个体经验产生意义关系，彰显出数学教学的生态性和人文性。

二、安排合理精当、质量适中的教学内容——组合策略

教学内容是落实教学目标、实现教学计划的重要载体。它对学生来说是外在的、不确定的，需要通过教学法对它进行科学加工后，才能更好地为学生所接受和掌握，进而促进学生的发展。安排教材内容既是安排教学内容的

基本线索，也是提供教学内容的重要资源。但由于教材内容是一个个静止的"知识端点"，与学生接受、生成新知识的动态过程不可能完全吻合，教材所呈现的内容顺序也未必是教学过程的顺序。因此，教师对教材不能简单地执行与传递，而要进行二度开发和创新，为学生提供现实的、有意义的、富有结构性和生成性特点的学习内容，并通过易于课堂教学表达的逻辑顺序，安排出合理精当、质量适中的教学内容。如教学《比的意义》，考虑到这一节内容过于充实与庞杂，如果简单地按照教材的编排完成相关的教学内容，显然需要压缩、挤掉学生的生成时间和空间，这种没有生成性的教学活动不可能很好地促进学生的发展。为此，在安排教学内容时我将教材中的"比与除法、分数的关系""求比值的方法"等内容后移到第二节去完成，腾出时间来创设不同背景下的问题情境，在探索解决问题的过程中较好地达成教学目标。这种变"教教材"为"用教材教"的行为，并不意味着教师可以随意地改变教材的编排意图，而是需要更深入地研究教材所包含的知识、方法和情感价值，创造性地使用教材。

安排教学内容，除了思考如何处理教材内容外，还须思考如何引入生活内容，创设教学情境，激发学生的学习兴趣；如何选择学生日常生活中熟悉的或关心的题材，让学生拓展应用。如我在《比的意义》的教学设计中，为了让这一内容的教学能从学生的生活经验和已有的知识背景出发，联系生活学数学，把生活经验数学化，数学问题生活化，让学生在知识的引入、问题的形成与解决中逐步建构新知，我就在起始阶段设计了一个"相片选美活动"，其步骤如下：

师：今天，老师给大家带来了四张不同形状的长方形相片，请同学们欣赏。(师点击多媒体，出示相片——)

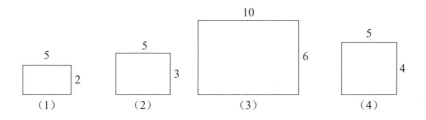

师：请同学们选出自己认为比较美的两张相片，将编号写下来。

师：好，我们来统计一下大家"选美"的结果。

［教师将结果记录在黑板上：（1）1；（2）33；（3）36；（4）6。］

师：为什么这么多的同学喜欢（2）和（3）两张相片呢？谁来说一说？

由此引发了学生兴趣盎然的讨论，让学生在讨论中初步感知比的意义。

三、构思清晰畅通、逻辑适用的教学程序——有序策略

教学程序是指在一定的教学时空里能为学生所接受的、能达到一定教学目标的教学操作过程顺序。就像我们平常做某项工作一样，有先有后，有详有略，有重有轻，有动有静。在构思程序时，不仅要把注意力集中在有序地组织教学内容上，还应根据教学动态特点，巧妙地设计学生思维程序，使教学过程不仅能展示知识体系固有的逻辑结构、学生认识体系的心理结构，而且能显示教学的有序性和互动的有效性，增强教学过程动态生成式展开的内在逻辑性。如"圆的周长和面积"一章概念多、公式多、计算繁，如何上好这节复习课，需要精心构思教学程序。我在设计时，首先回忆，通过画圆回忆起圆的各部分名称，同一圆里直径与半径的关系，什么是圆的周长和面积等；其次梳理，已知一个圆的半径，如何求它的直径、周长和面积，同时揭示公式 $d=2r$，$c=2\pi r$，$s=\pi r^2$，用同样方法揭示出其余六个公式；再次记忆与沟通，设计几组讨论题，让学生内化所学知识；最后练习与应用，利用公式计算、求阴影部分面积。构思教学程序要自觉运用系统原理，合理确定教学系统的结构因素，调整各因素的数量与比量，努力体现"引、探、练"三位一体，达到"趣、实、活"的效果。

数学新课程理念将"问题情境—建立模型—解释与应用"这一结构框架作为基本教学模式。这种教学模式特别关注教学内容的背景化和呈现上的情景化，重视知识的形成与发展应用过程，强化学生在学习过程中的体验与感受等。这种模式使教学过程能围绕三维目标富有逻辑地展开，是构思清晰畅通、逻辑适用的教学程序的重要依据。我在设计《比的意义》的教学程序时，就遵循了这一模式：通过对生活情景中相片的观察、比较，学生对比较数量

间的倍数关系积累了丰富的感性材料，从而初步感知比的意义。再通过题组训练，引发问题讨论，让学生在认知矛盾的对立中走向统一，既让学生明白比的外延范围，又对比的内涵有深入的体验和感受，进而全面、系统地建构起新知的模型。最后通过解释应用，帮助学生拓展延伸比的认识，深化理解比的意义，学以致用，学用结合，培养学生的应用意识，发展和提升学生的思维层次。

当然，还需要特别提出的是这里的"有序"并非指单一化的教学流程和线性化的教学路径，它强调的是在设计时要有序地抓住教学过程的各因素间的内在联系，构建一个个相对完整的课堂教学过程的展开逻辑环，有力地保障实际教学过程的有效互动和动态创造，促进课内与课外知识的积累与应用、新知的形成与建构。

四、选择灵活多样、综合适当的教学方法——优选策略

在教学目标、教学内容和教学程序确定之后，教学方法就成了关键。因为先进、有效而又多样化的教学方法能使教学内容与教学过程由预设和封闭走向生成和开放，能创造性地引发学生思维朝多向发散，赢得对课程知识有意义、有价值的深度构建。正如巴班斯基所指出的那样："选择对某节课最有效的教学方法，是教学过程最优化的核心问题之一。"那么怎样来优选一节课的教学方法呢？数学课程标准指出：有效的数学学习活动不能单纯地依赖模仿和记忆，动手实践、自主探究和合作交流是学生学习数学的重要方式。因此，选择有利于改变单一的、枯燥的、以被动听讲和练习为主的学习方式，让学生在动手实践、自主探究、合作交流中去思考、去质疑、去辨析、去释疑的教学方法成为了新课程背景下课堂教学实践的重要方面。如果一位教师总是采用讲授法教学，而不是提供给学生自主探究的时间和空间，忽视学生之间的交往与信息交流，那么，这样的学生学习就会偏重于机械记忆，只会浅层理解和简单应用，显然不利于对学生创新精神和实践能力的培养。要想充分发挥每一种教学方法在教学过程中的实际效能，达到优化教学过程的目的，首先要关注不同的课型和不同的教学内容。譬如，一般说来，在起初的概念教学中，我们为了让学生掌握概念的本质属性，明确概念的内

涵和外延，会特别重视概念的形成过程，会提供充分的材料让学生观察与演示、操作与实验，让学生建立表象，引导概括出相应的概念。因此在教法选用上主要是使用直观演示法、实验法和讲解法等。而后继的计算教学，则更多的是为了让学生巩固计算法则与算理的概念，掌握计算的技能，因此在教法的选用上会考虑尝试法、自学法和练习法等。一节课中，也会因为教学内容的不同和呈现的先后顺序而选择不同的教学方法。如我在教学《用字母表示数》时，利用编儿歌《数青蛙》，让学生体会用字母表示变化的未知数，让学生的思维经历从具体到抽象的过程，这一教学环节主要采用了引导发现法。而后在教学含有字母的式子的简写规则时，则采用了自学法。

我个人认为，现在的教学要特别注意处理好发现学习与有意义的接受学习之间的关系。要不要采用发现学习方式，关键看你所创设的问题情境有没有发现的价值，凡事要有个度，厚此薄彼是不对的，要尽量扬其所长，避其所短。

五、创设开放互动、促进思维的问题情境——推进策略

新课程特别强调问题在学习活动中的重要性。一方面通过问题来推进学生的思维过程，另一方面通过学生多种形式的交流互动再生成问题。教学过程能否有效推进，师生能否有效互动，都取决于这两方面的问题的设计质量。所以精心创设问题情境又是教学设计中的重要一环。如在《用字母表示数》的教学设计中，我通过师生间年龄问题的操作，让学生来理解"$a+26$"这个式子的意义，这时我送给学生一首儿歌：一只青蛙一张嘴，两只眼睛四条腿；两只青蛙两张嘴，四只眼睛八条腿；三只青蛙三张嘴，六只眼睛十二条腿……为了引导学生从儿歌中发现数学规律，推进学生的思维进程，我设计了三个问题：

1. 请同学们用 10 只青蛙来编一首儿歌。

2. 你们发现儿歌中有什么样的规律？

3. 请你们运用刚才学到的本领，想个办法把这首儿歌编完。

在后来的实际教学中，我通过上述三个问题予以引导，学生自己发现了规律，并运用学过的知识，创造出了七种编法。这样的问题情境不仅引起了

学生积极的探究欲望，而且成为了整个教学过程推进和发展的重要动力。当学生说出七种不同编法后，我又根据互动信息再生成三个问题：

1.选择：你们觉得哪些编法既简洁又合理，你们喜欢哪一种？

2.归类：与这种创编法接近的还有哪几种？

3.质疑：对其他几种编法有什么意见？

这样的问题，既强化了"有效信息"，又利用了"错误信息"，进而开发了学生的原始资源，实现了教学过程中的资源生成，从而形成新的又具有连续性的兴奋点和教学步骤，使教学过程呈现出动态生成的创生性质。当然课堂教学是千变万化、变动不居的，教师在实际教学中还要注意运用教育机智，根据即时情境，有针对性地发问，绝不能生硬照搬预设的问题。

以上五种教学设计策略只是大致勾勒了教师在教学设计过程中的思维轨迹，而每个教师实际的设计策略还有待自己去创造。新课程赋予教师参与课程开发的权利，每个教师都应该具有课程意识，从追寻有意义、有价值的生活方式的高度进行教学设计，使每一节课都充满着活力和灵性，放射出独特的生命之光。

教师备课应树立的五种意识

北京市朝阳区教研中心　钱守旺（特级教师）

上课前的一系列准备工作通常被称为备课。古人云："凡事预则立，不预则废。"精心备课是上好课的前提条件，是教学工作中的重要环节，是提高教学质量的根本保证。只有把课准备得充分具体，课堂教学才能更加科学、有序、高效，也才能更好地完成预定的教学目标。备课水平的高低，从某种程度上也表明了教师业务水平的高低。根据平时的备课经验，我认为在新课程背景下教师备课时应树立五种意识。

一、对话意识

（一）与课程标准对话

课程标准是教材编写、教师教学和考试命题的依据，是教师们设计教学活动的指导性文件。教师在备课前要与课程标准进行高质量的对话，特别是要全面深入地理解第一部分的"基本理念"和第四部分的"课程实施建议"。这两部分中的每一句话，都蕴含着先进的教育教学理念。

例如，课程标准在第一部分"基本理念"中强调："数学教学活动必须建立在学生的认知发展水平和已有的知识经验基础之上。教师应激发学生的学习积极性，向学生提供充分从事数学活动的机会，帮助他们在自主探索和合作交流的过程中真正理解和掌握基本的数学知识与技能、数学思想和方法，获得广泛的数学活动经验。学生是数学学习的主人，教师是数学学习的组织者、引导者与合作者。"认真解读这段话，对教师把握教学起点、选择教学方法、确定自己在课堂中的角色都有着非常重要的意义。

（二）与教材对话

教材是教师上课的主要依据，新教材为学生的学习活动提供了基本线索，是实现课程目标、实施教学的重要资源。新教材与以往教材相比，从材料的选择到呈现方式都发生了较大的变化。科学合理的教材结构、富有儿童情趣的学习素材、新颖丰富的呈现形式、生动活泼的练习设计、富有弹性的教学内容，都为教师组织教学提供了丰富的资源。

教师在备课时要树立整体观念，从教材的整体入手进行通读，了解教材的编排意图，弄清每部分教材在整个教材体系中的地位和作用，用联系、发展的观点，分析处理教材。首先要通过教材分析，弄清它的地位、作用和前后联系，以把握新旧知识的连接点和学生认知结构的生长点。怎样理解编者的意图呢？我的体会是多问几个"为什么"：例题为什么这样设计，习题为什么这样编排，结论为什么这样引出，等等。经过这样一番思考之后，教师将提高驾驭教材的能力。

当一节课的教学内容有几个知识点时，往往需要明确哪些是重点、哪些是难点，以免在教学时抓不住主要的内容，而在次要的或者学生容易接受的内容上多花时间，或者面面俱到平均使用力量，影响重点、难点的理解和掌握，从而达不到预定的教学效果。

有时一部分知识可能有不同的教学顺序，这时教师就要考虑哪种顺序更便于学生理解和掌握，哪种顺序更可以节省教学时间，哪种顺序教学效果更好。

此外，不同版本的教材都有自己独特的编排特点和知识呈现方式，教师在备课时可以博采众长，看一看其他版本的教材中这部分内容是如何编排的，有没有可供借鉴的素材或教学思路，吸取一切精华，为我所用。许多名师正是因为在备课过程中对教材提供的材料进行了富有个性特点的再创造，才保证了教学活动的非同寻常。

（三）与同伴对话

新课程倡导合作学习，这种学习方式不仅适合于学生，也适合于教师。

一个人的智慧毕竟是有限的，教师在备课时经常会遇到凭个人的知识与智慧难以解决的问题和困难，必须依靠教师集体的力量才能解决。当我们面对备课中的一个问题苦思冥想时，不要忘了身边的同事，他们的一句话有时会令你眼前一亮、茅塞顿开。

（四）与名师、网友对话

特级教师和优秀教师丰富的教学经验是教师备课时可资借鉴的宝贵资源。这些名师的课堂教学在许多方面都有其独到之处，如新课的引入、教学情境的创设、教学方法的选择、课堂练习的设计和课堂评价语言的运用等，都能给教师们以启发和借鉴。教师在备课时，参考一下这些教师的教学设计或观看一下他们的课堂录像，会对开阔自己的教学思路大有好处。另外，网络备课不失为新课程背景下教师备课的一条新路子。随着当前信息技术的普及，学校一般都能上网，教师也可以通过网络和全国各地的网友对话，把自己的教学设计思路及备课中遇到的困惑同各位网友进行交流。北师大小学数学工作室为了帮助教师更好地理解和执教课标教材，还专门通过 UC 开展了网上备课活动，有条件的教师还可以从网上下载 UC 软件，安装后即可参加上面每周组织的网上备课活动。

（五）与学生对话

学生是学习过程的主体，学情是教学的出发点。只有了解学生，才能有的放矢，因材施教，避免无效劳动，提高课堂教学效率。建构主义学习理论认为，学习者并不是空着脑袋进入学习情境中的。教师的教学不能忽视学生已有的经验，而应当把学习者原有的知识经验作为新知识的生长点，引导学习者从原有的知识经验中生长出新的知识经验。在新课程的课堂教学中，备课的重点应转移到学生的发展上来。为此，我们必须重视对学习者的分析。这也就是我们平时所说的"备学生"。

如何才能了解学生呢？教师不妨先回答下列问题：学生是否已经具备了进行新的学习所必须掌握的知识和技能？学生是否已经掌握或部分掌握了教

学目标中要求学生学会的知识和技能？没有掌握的是哪些部分？有多少人掌握了？掌握的程度怎样？哪些知识学生自己能够学会？哪些需要教师的点拨和引导？教师在备学生时要关注学生的智力发展情况，注意学生非智力因素的发展状况，重视学生的个体差异。

另外，就是在备课时要关注学生可能提出或出现的问题。在课前思考学生在学习过程中可能会遇到哪些问题，在哪些地方容易产生迷惑，学生可能会提出哪些问题，对同一个数学问题，不同的学生可能会有哪些不同的解决方案。

二、课程资源开发意识

重视课程资源的开发和利用是新一轮课程改革提出的新目标，其目的是要改变学校课程过于注重书本知识传授的倾向，加强课程内容与学生生活及现代社会和科技发展的联系，关注学生的学习兴趣和经验，适应不同地区不同学生发展的需要。

教师除了有效地挖掘教材资源外，还要注意创造性地开发和利用其他教学资源。

（一）社区、家庭资源的合理利用

数学来源于生活，又应用于生活。社区、家庭中有大量的与数学教学相关的课程资源，如果我们在教学时能够合理利用，对激发学生的学习兴趣、拓展学生的知识面大有好处。

例如，在教学《利息》一课时，教师在课前可以让学生向家长或到附近的银行了解有关利息的知识，然后在课上进行汇报。

（二）媒体、网络资源的合理开发

随着社会的发展和人民生活水平的提高，电视、广播、报刊、计算机已经进入普通百姓家，学生获取信息的渠道越来越多，其知识面也越来越广。

现代社会是一个网络化、信息化社会，教师可以到网上收集一些与教学相关的题材，来充实、丰富课本内容，这是活用教材的新路子。例如，在教学北师大版三年级下册《轴对称图形》时，我就利用2005年春节晚会上倾倒亿万观众的《千手观音》片段引出对称的概念，一下子吸引了学生的注意力，通过那优美的肢体语言，学生真正理解了对称的含义。

（三）其他学科资源的有机整合

开发数学课程资源要注意整合其他学科资源，其表现为：

第一，从其他学科中挖掘可以利用的资源来创设情境，帮助学生理解数学概念、掌握数学知识。

例如，在教学《等量代换》一课时，我就利用了学生在语文课上学到的曹冲称象的故事。一上课，我先出示曹冲称象的图片，问："看到这幅图片，同学们是不是想起了一个著名的历史故事？"学生几乎异口同声地说："曹冲称象！""还记得曹冲是怎样称象的吗？"我结合课件的演示，让学生回忆曹冲称象的过程：把大象赶到一艘大船上，看船身下沉多少，沿着水面在船舷上画一条线，再把大象赶上岸，往船上装石头，装到船下沉到画线的地方为止，然后称一称船上的石头，石头有多重，就知道大象有多重了。而后说明：如果我们从数学的角度看，在这里曹冲运用了一种重要的数学思考方法——等量代换。这节课我们就来学习如何用等量代换的方法解决问题。

第二，从数学角度去研究人口、资源、环境等问题。

例如，在教学《比的意义》一课时，我就利用了我国男女比例失调的数据，很自然地引入了新课。

师：老师先问同学们一个问题，你们班是男生多还是女生多？男生有多少人？女生有多少人？（学生回答时教师板书男女生人数）

师：男多女少这种现象从全国来看也非常明显。

［在大屏幕上展示几个网页，在网页中突出以下数据：

（1）海南省新生儿男女比例为135：100。

（2）我国于2000年进行的第五次全国人口普查显示：在新生的婴

儿中，男女人数的比为 119.2 : 100。

（3）男女比例失调，10 年后我国将会有数千万光棍汉！］

师：刚才我们提到的 135 : 100 和 119.2 : 100 都是比，关于"比"你们想知道些什么？

（学生自由回答）

师：比表示的是两个数之间的一种关系，这节课我们就来学习比的意义。（板书课题：比的意义）

三、以学生为主体的意识

教学的对象是学生，学生的真实状态是决定课堂教学一切活动的出发点。学生主体参与教学就是学生进入教学活动，能动地、创造性地完成学习任务的倾向性表现行为。现代教学论认为，学生的数学学习过程是一个以学生已有的知识和经验为基础的主动建构的过程，只有学生主动参与到学习活动中，才是有效的教学。教师在备课时树立以学生为主体的意识，要特别注意以下两点。

（一）找准学生数学学习的现实起点

教师在进行教学设计时首先要深入了解学生，找准学生学习的起点。改过去的"以教论学"为现在的"以学论教"。为了了解学生是否具备了学习新知识的基础，教师可以对所确定的预备技能和设定的教学起点进行预测。教师要将自己的教学起点放在学生的"最近发展区"内。

例如，我曾应福建省教育学会邀请，到宁德市上了一节《亿以内数的认识》。在设计这节课时，考虑到学生在日常生活中已经见过或听人读过这些大数，所以我在教学预案中设计的教学活动都是先让学生尝试读这些数，再互相交流，最后才是教师有针对性地指导。

（二）精心安排学生的探究过程，让学生体验数学

为了体现"做数学"的过程，作为教师，应该用好教材、用活教材，要根据优化课堂教学的需要对教材进行适当的加工处理；根据教学要求，从学生的实际出发，按照学生的年龄特点、认知规律，把课本中的例题、讲解、结论等书面内容，转化为学生能够亲自参加的活生生的数学活动。要把教学的重点放在让学生经历有关的活动，获得对有关知识的体验上，即在教学中要重视概念的抽象过程、公式的推导过程、法则的归纳过程、规律的概括过程、结论的综合过程和思路的分析过程等，不但要让学生知其然，更要使学生知其所以然。教师在设计教学预案时要尽可能给学生多一点思考的时间，多一点活动的余地，多一点表现自己的机会，多一点成功愉快的体验。

四、"预设"与"生成"意识

一堂符合新课程标准要求的课，应该是课前"精心预设"和课中"动态生成"的辩证统一。新课程理念下的课堂教学是一种开放、动态、多元化的对话和交流，意味着教学将会有更多的"不确定性"。

追求教学的动态生成，教师在设计教学预案时，要尽可能设计成板块式的结构，教学预案可以大体勾画出一节课的大致思路，但不必细致到课堂上的每一句话怎么说。教师课堂上要提哪些问题，对于这些问题学生可能怎么回答，教师在课前要做到心中有数。教师在自己的教学预案中，应留出足够的教学空间，让师生在课堂上对话交流，教师在教学预案中应提一些富有思考性的大问题。

五、质量效率意识

进行课堂教学改革，归根结底是为了提高教学质量，促进学生掌握知识，形成能力，实现个性的健康发展。用《基础教育课程改革纲要（试行）》中的话说就是："使获得基础知识与基本技能的过程同时成为学会学习和形成正确价值观的过程。"

（一）确定切实可行的课时教学目标

课时教学目标是对一堂数学课教学结果的预先规定，它是单元教学目标的进一步分解，是教学的出发点，也是教学的归宿。教师在制定课时教学目标时，要注意以下四个问题：一是目标内容的具体性；二是目标的可操作性；三是目标实现的及时性；四是目标设计的灵活性。

（二）注意多种教学方法的优化组合

教学方法是指向特定的课程与教学目标，受特定课程内容所制约的、为师生所共同遵循的教与学的操作规范和步骤，它是引导、调节教学过程的规范体系。它既包括了教师教的方法，又包括了学生在教师指导下学的方法，是教师教的方法和学生学的方法在教学活动中的高度融合和有机统一。每一种教学方法都有其较强的针对性，教师在教学时要针对不同的教学内容和教学对象，选择不同的教学方法。教师在备课时，要把新课程倡导的"自主、合作、探究"的现代化教学方法与传统的教学方法有机结合，做到"一法为主，多法配合"。只有从整体上发挥教学方法的优势，才能实现新课程标准提出的各项教学目标。

例如，在教学《亿以内数的认识》一课时，对于"计数单位""数位""计数单位的十进关系""亿以内数的读法"，我都采用了"先试后讲，先尝试后指导"的教学方法，而对于"数级"的概念，对于一些国家规定的读数的规则，我采用的则是教师直接讲授的方法，因为这些内容没有让学生探究的必要。

（三）组织好有效的课堂练习

练习是使学生掌握知识、形成技能、发展智力的重要手段，是教学过程中一个至关重要的环节。学生每学一种新知识，必须当堂进行巩固。

我们知道，组织练习活动有一些基本的要求，例如，练习内容要有针对性、典型性，练习安排要有坡度、有层次，练习的形式要灵活多样，练习要面向全体、因材施教，等等。这些基本要求是广大教师教学实践经验的结晶。在新课程的背景下，我们除了认真贯彻以上原则外，还要注意从学生的学习和发展需要出发，结合解决实际问题组织丰富、有趣的练习活动。同时要关注学生在练习活动中的情感体验，培养学生的问题意识和应用意识。

　　备课是一个老生常谈的话题，也是一个常谈常新的课题，在不同的时代会有不同的要求。在全面推进素质教育、实施新课程的今天，究竟该怎样备好一节课，才能体现"以学生发展为本"的课堂教学理念，还需要我们每一位教师在教学实践中不断探索。

有效备课须"三思多问"

浙江省宁波万里国际学校　沈百军（特级教师）

备课是教师的主要工作之一，它不仅是一切教学活动的前期准备，更是优化教学过程、提高课堂教学效率的基本保证，还是教师专业发展的重要途径。新课程改革实施几年来，数学课堂教学逐渐从"以教材为中心"向"以学生发展为中心"转变。教师备课的观念也随之发生了一些变化，备课的焦点主要是如何正确地把握学生的现实起点，为学生的有效发展设计可行的教学方案。那么，怎样的备课才能生成课堂教学的精彩、达到理想的效果呢？笔者愿结合具体的实践谈一些个人的观点和做法，供广大的教师同行交流和探讨。

一思：为什么要上这节课？

备课要备学生，一直是小学数学教育界积极倡导的基本观点，但在许多教师的心目中却依然存在着一种不成文的约定：凡是教材中规定的内容都是需要在课堂上教的。因而，根据教材的编排，按部就班地备课、上课自然成为多数教师的基本工作流程，很少有教师大胆地质问：为什么要上这节课？这事实上也反映了教师的教学理念是否真正达到了"以学生发展为中心"的境界。因为要正确回答这一问题，就必须在了解教材内容、编者意图的基础上认真思考：学生到底在哪里？要到哪里去？至少需要弄清楚以下几个问题。

第一问：学生是否已经掌握了教材所规定的知识和技能？有多少学生掌握了，又有多少学生还没有掌握？

这可以说是对传统教师备课行为的一种扬弃，是实践"以学定教"新教学理念的开始。它不仅把学生放在了教师备课的首位，而且认同了"学生不是一张白纸，学习不是被动的接受"这一观念。一旦学生全部或者多数已经掌握，教师可以取消这节课，或者以更高的要求去重新设计一节课。比如，一年级上册《加法的初步认识》这一节课，无论是老教材还是新教材，多数教师都上成计算课，教学的重点是让学生掌握 5 以内加法的算理并能熟练计算。但事实上，现在的孩子尤其是城市的儿童，经过幼儿园老师和家长的教导，几乎都已经学会了 10 以内甚至是 20 以内的加减法。因此，我们应该重新思考为什么要上这节课，不能简单地停留在学生对计算方法的掌握上，而是应从"数学化"的视角出发，让学生理解用"2+3=5"这样的算式来表征现实生活中各种同类事物合并的现象，实现"在具体情境中理解加法意义"的目的。在日常的教学实践中，教师可以通过问卷检测、抽样调查和个别访谈等多种形式来了解学生的现实基础，为有效备课提供正确的信息。

第二问：学生是否具备了学习新知的现实基础（包括学生的生活经验、知识基础和学习能力）？

这已经成为很多教师备课和组织教学的重要依据，也有不少教师开展了课前调查等有意义的工作。但从当前数学课堂教学的基本现状来分析，多数教师对这个问题的分析还停留在"依据教材的编排体系和儿童的年龄特征"这样浅层次的水平，对学生的现实生活基础和经验积累的分析不够，尤其是对儿童所具备的学习新知识的能力缺少关注。比如，人教版实验教材在一年级下册安排了"时间的认识"这一单元，主要是让学生在掌握了"整时和几时半"的基础上认识"几时几分"。编者的意图很好，因为时间是人们生活中非常重要的一个要素，要让孩子提前认识时间，从小形成珍惜时间的好品质。但是儿童要能从钟面上正确认识像 9 时 55 分这样的时间，必须有一定的知识基础，如连加、5 的乘法口诀；还要有一定的心理发展的逻辑基础：先判断分针是否到了 12，再排除直观带来的干扰，明白指向 10 的时针其实还没有到 10，所以是 9 时多。这一分析判断的过程超出了七八岁儿童"依赖于直观进行分析"的心理发展水平，因而会导致很多学生的学习出现困难和错误。教师如果非常清楚学生的现实基础和学习能力，就可以调整教材的编排顺序，先从简单的时间认识入手，逐步加大难度，增加学生课内外操作、观察、交流的机会，让学生在具体的情境和操作活动中认识时间。特别是要允许学生出现错误，给予学生充足的时间自我修正。

第三问：通过本节课的学习，学生将获得哪些方面的发展（包括知识、技能、方法和情感态度等多个方面）？

这事实上是确立教学目标的问题，教学目标是教学的出发点也是教学的归宿，因而是备课的关键，也是课堂教学成功与否的关键。仍以上面所提到的《加法的初步认识》为例，我在课前进行了问卷调查，发现全班同学都能正确计算 10 以内的加法。因此，我在备课时确立的目标是：让学生在具体的情境中理解加法的基本含义，能用加法算式表示现实生活中同类事物合并的现象；能根据加法算式编相应的故事；初步了解加法算式是很有用的，初步感受数学的魅力。

教学目标的制定要做到明确可测，还必须克服"大而统"的毛病。翻阅大量的教学设计，依然存在放之四海皆通的口号式的教学目标，如"培养学生的创新意识、实践能力和良好的学习数学的情感"等，在知识和方法维度的教学目标中也比较欠缺"是怎样的学习活动使学生获得知识和能力"，从而使每篇教学设计的目标缺少鲜明的个性和独创精神。如果进一步分析，教学目标的设定还要思考学生可能达成的情况，是否每个学生都要达成，在教学目标中能否明确地显示"哪些是要全体学生掌握的？哪些只要部分学生掌握？哪些只要经历体验就可以了？"，等等。比如，我曾经在很多地方上观摩课《握手的学问》（教学实录和案例反思发表在《小学各科教与学》2005年第 2 期），在制定教学目标时有一个分层次的目标预设：让全体学生经历"探究发现计算握手次数规律"的过程，使全体学生掌握其中一种方法计算握手的次数，让 60% ～ 80% 的学生理解推导发现规律的过程和结论。这就充分考虑到了教学内容的难度和学生的实际差异，从而使教学活动的展开更加符合学生的现实，更好地实现预期的目标。

二思：如何达成目标？

教师一旦想清楚了为什么要上这节课，也就基本明确了上一节课的教学目标，紧接着教师就要思考如何达成目标。这是备课的主要工程，需要思考的问题很多，大到教学组织形式，小到教师用语，如教学策略的选择、教学过程的设计、评价语言的斟酌等。笔者以为应主要回答以下三个问题。

第一问：准备开展哪些数学活动？

我国的教育受苏联凯洛夫《教育学》的影响，已经习惯于"检查复习—揭示课题—新授—巩固—小结—布置作业"这样一种模式，多数教师的备课也是按照这一流程进行思考和设计。但最新的研究表明，数学课堂活动不是简单地将知识通过教师的传授"复制"给学生的过程，而是学生自己观察、猜测、比较、尝试、推理、抽象、交流等一系列的活动过程，是学生在自己的现实经验基础上，通过主体实践而不断"数学化"的过程。因此，备课时要围绕教学目标设计相应的数学活动，包括每个活动的具体目标是什么，选择怎样的活动材料等重要问题。比如，人教版新教材一年级下册安排了"找规律"这一内容，学生解决书本上的习题没有什么困难，但要真正理解什么是规律还是有困难的，因为儿童有一种粗浅的"稳定性"认知心理，看到"□△"后一般都以为接下去依然是这两个图形，这会妨碍学生正确理解规律的基本含义。因此，我在备课时设计了"猜一猜"的游戏活动。准备了四条彩带（图案如下）：

（1）—□—△—□—△—□—△—

（2）—□—△—○—□—△—○—□—△—○—□—△—○—

（3）—□—△—▽—□—△—▽—□—△—▽—

（4）—□—△—□—△—△—□—△—□—

每一条彩带都放在一个盒子里，我都先出示前面几个图形，让学生猜后一个图形。活动之后，让学生思考是怎样猜的，为什么猜前面的图形容易出错而后面的容易猜对？学生不仅很乐意参与，而且通过反思发现了找规律的基本方法，明白了开始出现差错的原因，从而更好地理解了什么是规律，达到了"一石三鸟"的预期目标。

数学活动的设计不求多但求精，要紧紧围绕教学目标，重点在探索新知（如上例中的猜图形游戏活动）和巩固运用新知阶段。不仅让学生在活动中获得知识技能，还要让学生在活动中感悟到数学思想方法和积极的情感体验，如能让学生对数学活动留下刻骨铭心的记忆那就更好了。如一位老师在教学《1000 以内数的认识》这节课时，设计了"打靶比赛"这样一个数学活动。多媒体显示一个靶，规定"打中中心点得 1000 分，打中内圈得 100 分，打中中圈得 10 分，打中外圈得 1 分，每人打 7 发子弹，得分多的获胜"。学生受比赛获胜心理的驱动，自然非常积极，在计算打靶分数排名次时巩固了"1000 以内数的组成、大小比较"等知识要点，还解决了数中间、末尾是"0"的多位数的读写问题；在确定不同奖项奖品价格时又培养了学生的估算意识和能力。这样的活动把巩固知识、提高学习能力和发展学习情感融为一体，是很有价值的。

第二问：学生如何参与数学活动？

新课程强调，数学课堂教学过程是以学生为主体的数学学习活动。因此，备课一定要思考学生将怎样参与数学活动。这不仅仅是教学理念上的问题，更是一个实践性很强的具体操作问题，其实质是把课堂中要发生的过程预先在教师的头脑中演示出来。这涉及情境的创设、材料的呈现、问题的设计、学生的行为表现、教师的组织评价等多个方面，还要充分考虑学生在学习活动中所反映出来的各种不同的可能性。这很难用简短的语言来表述清楚，但如果教师在备课时能把"学生如何参与数学活动，在活动中可能有哪些行为表现，教师将如何根据学生的学习情况实施下一个教学活动"作为思考的要点，数学课堂教学就有可能走出"背教案、走过程、只见教师不见学生"的困境，初步形成高屋建瓴、处乱不惊的课堂教学新境界。说得再细一些，就是在备课的过程中要解决三个基本问题。

一是创设怎样的数学活动情境，让学生全员参与。比如在《100 以内数的认识》这节课里，教师可以这样创设情境：我们班有 42 个同学，如果每个同学分 1 个小礼物，需要多少？你能从你的学具中拿出 42 个小礼物吗？这要比简单命令学生数出 42 根小棒或 42 颗糖果更有现实意义，同样要比小组合作数出 42 根小棒更有价值，它保证了全体学生的主动参与。

二是要设计怎样的问题，让学生在活动中进行数学思考。数学活动的核心是在活动中进行数学思考，没有数学思考就没有成功的数学课堂教学。因此，在备课时，要想好在活动前提怎样的问题让学生带着问题去活动，活动中提怎样的问题让学生边活动边思考，在活动后提怎样的问题让学生反思活动的得失。仍以上例《100 以内数的认识》为例，当学生数了之后，教师还要设问：怎样摆才能让别的同学一眼看出你数的正好是 42 个？这一问，就让学生带着思考进行操作活动，能充分展示不同学生的思维现状，有的是 2

个 2 个摆放的，有的是 5 个 5 个摆放的，有的是 10 个 10 个摆放的，通过比较很快体会到"10 个 10 个"摆放的优势，这样就为建构"10 个一就是十、10 个十是一百"等新知打通了路径。又比如在《认识几分之一》这节课中，学生利用长方形、正方形、圆等涂色表示出 $\frac{1}{2}$ 后，教师要设问：为什么涂色部分都能用 $\frac{1}{2}$ 来表示？学生通过思考不仅理解了"谁是谁的 $\frac{1}{2}$"，还可以逐步剥离分数的非本质属性，进一步感受到分数与具体的图形没有什么关系，只要平均分成若干份，表示这样的 1 份就是几分之一。

三是教师用怎样的语言评价和激励学生，使其形成学习数学的积极情感。课堂教学是师生相互作用的过程，教师主要通过问题设计和反馈评价来组织教学，因此教师要多采用激励性的评价语，鼓舞学生和感染学生的学习情趣，使其产生更加良好的学习效果和学习情感。著名特级教师吴正宪在执教《分数的初步认识》一课时，有一个经典的评价语，很值得我们广大教师借鉴和学习。当时的情节是这样的：吴老师要求每个学生利用学具折出 $\frac{1}{2}$，一位学生却折出了 $\frac{1}{4}$。吴老师先请同学进行评价，有的说他不听老师的话，也有的说他很能干。吴老师先是向这位同学真诚地鞠躬表示感谢，然后面带微笑地说道：你不仅完成了基本任务，还创造性地折出了新分数 $\frac{1}{4}$，你是我们全班同学的榜样。同学们，现在你们能折出与众不同的分数吗？吴老师的话音刚落，学生就非常迅速地投入到下一个折分数的活动中。而那位同学表现得更为积极，一下子折出了 $\frac{1}{8}$、$\frac{1}{32}$ 等不同的分数。或许，有很多老师认为教师的评价语言要根据课堂教学的实际情况来定，不好提前预设，何况当前倡导动态生成、非预设生成的呼声很强烈。其实，真正成功的教学过程、精彩的非预设生成是在教师开放性的教学理念指导下，实施开放性的教学过程，获得开放性的教学效果的具体表现，它依然离不开教师课前精心的设计。再说，教师要在课堂上做到评价及时得当，需要高超的教学艺术，而这并非一朝一夕所能习得，需要教师在平时的课堂教学中千锤百炼才能形成。

教师备课时的精心预设是通向教学艺术的必经之路。

第三问：不同的学生都有各自的发展吗？

班级当中学生之间有差异是不争的事实，如何做到关注学生个体差异，让不同的学生有不同的发展的确是件非常困难的事，但如果因为困难而放弃，那么以"学生发展为本"的教学理念就只能成为纸上谈兵的笑话。在很多常规的课堂教学中，会发生很多习以为常的教学现象，比如：教师刚出示例题，个别学生就嘀咕，这么简单，早就会做了，接着无所事事地度过一节课，最多也只是完成教师布置的任务而已，相反，还有一部分所谓的"差生"，尽管老师再三强调应该如何如何，课后他们依然难以独立完成作业，最多也只能模仿解答类型相同的习题而已。导致这种优生吃不饱、"差生"吃不了的现象的根源是教师的备课还没有真正关注到学生的差异。改变这一现状的第一步，就是在备课时要不断地问不同的学生都有各自的发展吗，并能作出积极的回答。比如，20 以内退位减法是一年级的重要知识点，学生在学习这一知识前大致有以下几种情形：相当一部分学生不仅能做，而且能清楚地说出计算的方法（有的是想加做减，有的是破十法，也有的是直接数数等），有一部分学生能计算但不能清楚表达自己的算法，只有极少数的同学不会算。一年级的儿童在接受新知识上表现出很大的差异。因此，在备课时不仅要设计通过操作和交流掌握"破十法计算 20 以内退位减法"的活动，以保证大多数学生获得必要的知识基础，也要设计"15- □ = □"等带有思考性的习题来满足优秀学生获得能力上的发展。除了内容上的设计外，还要设计不同学生的学习参与方式，以满足不同孩子的发展需求。比如：让优秀的学生担任小老师，帮助其他学生完成操作、表达、交流的活动过程，并作出正确的判断；让基础薄弱的学生完成基础习题的板演并给予积极的评价；等等。归根到底，教师备课时心中要有学生，而且是有差异的学生，不仅要关注学生群体掌握教材规定的知识与技能的情况，还要关注学生个体能否获得不同的发展。

三思：教学设计是否具有先进性？

如果作为一项常规工作，教师能认真思考"为什么要上这节课，如何达成目标"，并根据自己的思考，选择合适的材料写出教学设计方案，可以说是基本完成了备课任务。但从教师专业发展的高要求来审视，教师还要再思考第三个大问题：我的教学设计是否具有先进性？郑毓信教授在评价全国第七届深化小学数学教学改革观摩交流会课例时郑重地提出："研究工作的核心就在于创新，从而就不应简单地去重复别人已有的工作，而必须以此为背景并通过自己的独立研究实现新的超越。"（《小学数学教育》2006年1、2期第82页）研究备课同样是为了实现更加高效的课堂教学，满足学生日益膨胀的个性化学习需求。因此，当一个教学设计完成后，教师还要再思考三个问题：第一问，我的教学设计是否具备了新的教育思想和理念？第二问，我的设计有独到之处吗？第三问，我的教学设计、教学效果更优吗？下面以《交换律》一课为例具体进行说明。

2006年4月，"两岸四地小学数学教学研讨活动"在宁波万里国际学校小学举行，我执教了《交换律》这节课，得到了张梅玲教授和很多专家、教师的充分认可。

【教学目标】

1. 通过举例、观察、发现和验证获得两条基本的运算律：加法交换律和乘法交换律，并能举例说明减法和除法没有交换律。

2. 通过联想和举例验证理解交换律的变式，即三个数相加（或乘），任意交换加数（或因数）的位置，和（或积）是不变的，并能感受交换律在计算中的作用。

3. 在真实的探究发现活动中感受数学的魅力和学习数学成功的快乐。

【教学流程】

1. 情境导入，激活旧知。

（1）教师出示两个可爱的玩具（小狗和小猫），让学生猜价格，算总价，然后交换出现的顺序，再算总价，发现总价是一样的，教师板书"3+4=4+3"。

（2）启发学生写出很多类似的算式，如2+1=1+2，100+1=1+100，5+10=10+5，……（教师选择部分进行板书）

2. 探究加法交换律。

（1）先引导学生观察，谈谈有什么发现。

（2）提炼学生的发现，并用比较规范的语言表述加法交换律。

（3）引导学生对自己的发现进行举例验证和比方说明。（要求学生寻找反例，找不到反例才能说明交换律成立。）

（4）引导学生创造性地尝试用自己的方法来表示交换律，最终统一字母公式。

（5）引导学生小结学习方法：举例—观察—发现—验证。

3. 提出新的探究问题，发现新知识。

（1）教师启发学生，既然加法有交换律，由此你们还能联想到什么？你们想提怎样的问题？你们认为是否成立？

学生可能提出：减法有没有交换律？乘法有没有交换律？除法有没有交换律？有的认同，也有的会反对。

（2）教师追问学生，既然有这么多的问题，又该如何解决呢？

（学生受前面教学的影响，可能会想到：举例—验证。）

（3）学生独立探究，再汇报交流。

（4）师生进行探讨。

举例说明减法和除法没有交换律，乘法有交换律并用字母公式表示。

4. 拓展延伸，提升数学思维品质。

（1）认真比较加法交换律和乘法交换律之间的相同点和不同点，引导学生从"两个"出发展开联想并提出问题。

学生可能会问：三个数、四个数、更多个数时，交换位置，结果是否也不变呢？

（2）根据学生的问题，再次引导学生运用前面的探究方法进行自主探究。

（3）师生共同探讨，获得拓展后的交换律：三个数相加，任意交换加数的位置，和不变。同样乘法也成立。

5. 及时小结，掌握知识和方法。

（1）教师引导学生对已经取得的学习成果进行及时回顾和小结。

（2）引导学生对前面的学习方法进行小结：你们是通过怎样的方法来学习新知识的？这种方法有什么好处？

6.应用解题，体会交换律的作用。

（1）学生独立计算：① 279+187+21　② $25 \times 23 \times 4$

（2）交流反馈：为什么有些同学很快就报出答案？

（3）巩固练习。计算：① 286+165+235　② $19 \times 125 \times 8$

反思这个教学设计，不仅体现新的教学思想，有独创性，而且教学效果非常突出。第一，整合教学内容，从系统论的角度来实践教学的有效性。因为加法交换律和乘法交换律都是交换律，三年级的学生有比较好的知识基础和充足的生活经验，完全有理由放在一起进行教学，还能从加法、乘法引导学生对减法、除法进行思考和探究，这样能让学生从整个四则运算的视角来学习交换律，也能从中进一步理解加、减、乘、除之间的不同和相同。第二，改进学习方法，在充分的数学探究活动中感悟数学精神和数学思想方法，提升学生的数学思想品质。本课设计的主导思想是让学生通过大量的举例、合理的猜想、科学的验证来发现加法交换律、乘法交换律，用同样的方法来证实减法和除法没有交换律，从而获得一种比较科学的数学学习方法：举例—猜想—验证；感悟数学的严谨性、科学性；逐步形成良好的数学思维能力。从教学设计上充分体现了教师不仅关注知识结果更关注学习过程，不仅让学生掌握知识更让学生领悟其中的方法。第三，实现课堂教学高效。这一设计保证了学生的全员积极参与和自主探究活动的有效，不仅可以在短短的一节课内学到平时若干节课学习的知识，而且有效地渗透了数学思想方法，加上教师课堂上良好的组织技能和评价艺术，使学生充分感受到学习成功的快乐，促进了学生良好学习情感的形成和发展。

研读教材：教师备课的核心环节

江苏省扬州实验小学　林　俊（特级教师）

教材，顾名思义，就是教学材料。从狭义来说，教材指根据一定学科的任务，编选和组织具有一定范围和深度的知识、技能的体系，一般以教科书的形式来体现。教材是学生学习的重要资源，它不仅决定课堂教学内容，而且提供了教学活动的基本线索和方法。

小学数学教材是数学课程标准的具体化，是依据数学课程标准编定的系统地阐述学科内容的教学用书。它是实现小学数学教育目标的重要工具，是这门学科进行教与学的主要材料，也是教师进行教学的主要依据。熟练地掌握教材的内容，熟悉小学各年级教材的体系，是教师顺利完成教学任务的基本条件。教师要善于使用教材。但有些教师面对教材，感到无所适从。有的恪守教材，不敢越雷池一步地照本宣科；有的脱离教材而随意另起炉灶。教材使用存在严重偏差！

教师备课，首先要认真分析、研读教材，在正确领会教材内容的基础上，根据学生的实际，设计课堂教学。因此，钻研教材是备好课、上好课的核心环节。

一、理清脉络，用好教材资源

（一）整体研读，抓住联系

数学是一门系统性强、逻辑严密的科学。各部分知识间的内在联系十分紧密。小学数学体系也是由彼此紧密联系的、有一定逻辑顺序的数学知识组成的。从整体上掌握教材，做到正确理解每一册、每一单元、每一节教学内容在整个教材中的地位与作用，就是要仔细研究知识间的种种联系，把握住知识的贯通和延伸。这样，就可以在教学中利用各种联系，把知识贯穿起来，使它们条理清楚，层次分明，以便学生深刻理解数学知识，并能灵活运用，提高分析问题和解决问题的能力。

整体研读，主要是指钻研单元教材。一个单元的内容通常包括许多知识点，这些知识点是依据学生的认知心理来安排的，由简单到复杂、由此及彼，有层次、有先后，以便学生逐步认识、积累和掌握相应的知识内容。如果能了解一个单元的整体结构，把握知识发展的线索，从中理清学生的学习过程，便可以依据单元内容的结构，引导学生以已有知识为基础，探索和认识新内容。单元内容的安排一般有三种形式：一是知识分解型的。如学习长方体和正方体的认识，就分解成长方体的认识、正方体的认识、表面积、体积、容积几部分依次学习，使学生初步掌握长方体和正方体的有关知识。二是知识并列型的。如低年级的表内乘除法，按几的乘法口诀和相应的除法，把单元内容分成若干个部分，每个部分的学习过程基本相似，引导学生以类似的方法不断探索新知。再如高年级的正反比例应用题，按意义、判断和应用三部分，分别编排。三是知识递进型的。例如苏教版国标教材四年级（上册）《除数是两位数的除法》，先学习除数是整十数的除法，掌握计算的基本过程和方法，再学习除数是两位数除法的笔算试商和调商，掌握除数是两位数的除法计算。其中除数是整十数的除法，先学习口算，用口算求商支持笔算学习，接着通过变化计算数据，由商是一位数类推到商是两位数，启发学生总结计算方法；除法笔算的试商和调商，先通过试商但不需调商的内容，学习试商的基本方法，再分别学习初商偏大、初商偏小的调商，从而掌握除数是两位数的除法笔算。

从整体上认真分析一单元的教材，能使我们理清教材内容的来龙去脉和纵横联系，正确地确定单元教材的重点和难点，有的放矢地进行教学。

（二）课时分析，突出重点

从数学发展史来看，人类对数学的认识存在着一个从量变到质变的过程。例如：在数概念的发展中，整数从十到百、千、万、亿都是量变，扩展到分数、小数、有理数等则是质变。计算方法也是如此，加法由不进位到进位是量变，由加法到乘法、由乘法到乘方则是质变。再如：由数字表示数发展到字母表示数，从研究数的计算发展到研究运算定律，也都是质变。这些质变，在教材中就是重点。所以数学知识中的飞跃，学生认识的转折，就是教材的重点。同时，教材的重点也是"双基"中最基本最重要的部分。在分析教材时，必须明确教材重点，教学时必须突出重点，以保证学生正确理解。对于如何引导学生理解教学重点，可设计多种策略，做到重点之处细细描绘，其余部分一笔带过。

二、化静为动，激活教材资源

就数学而言，它有两个侧面：一个是形式层面的数学，即静态的知识；一个是发现层面的数学，即动态的思维。一般来说，呈现给学生学习的材料，往往都是高度概括和抽象化的静态知识，而隐藏在静态知识背后的知识产生和形成时艰难的探索历程、丰富的思维过程、精彩动人的故事等数学文化和数学背景，是很难一一列入教材的。教学时如果照本宣科，不利于引发学生产生问题，不利于促进学生的思考和探究，不利于学生主动建构知识。要改变这种状况，就要求教师激活教材资源，改变教材的呈现方式，把静止的画面变为动态的情境，把教材"冰冷的美丽"变为学生"火热的思考"，使之有利于激发学生的学习兴趣，有利于引导学生发现数学问题和主动建构知识。

（一）借助媒介，化静为动

这里的媒介既可以是实物，也可以是媒体。在教《万以内数的认识》中的"怎么数更大的数"和"关于数数，你们有什么新发现"这两部分内容时，为使学生对千以内的数能有全面的认识，我设想为学生数数提供几盆黄豆：有一粒一粒散装的，有十粒装一小包的，还有百粒装一大包的。"你们能数出这些黄豆的粒数吗？请你们以小组为单位，商量商量，准备选择哪一盆来数呢？"然后进行限时数数比赛。在这一过程中，学生获得了难得的体验。如果失败了，他们会体会到数 1000 这样大的数，用一百一百地数的方法要合适一些，这样就能很好地突出数较大的数要以群计数的数学思想方法。如果成功了，他们的感悟会更深刻，促使他们归纳出：千比百要大得多，数 1000 这样大的数，用一百一百地数的方法要合适一些；数十以内的数，要一个一个地数；数百以内的数，要一十一十地数；10 个一是十，10 个十是一百，10 个一百是一千……不失时机地认识了计数单位"千"，进而发现"十""百""千"等相邻单位之间的十进关系。

（二）设置障碍，化静为动

如苏教版国标教材三年级（上册）《认识分数》中有这样一道练习题："先填一填，再读一读。"（如图 1）

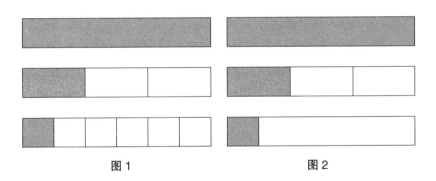

图1　　　　　　　　　　图2

我们可以把最后一次操作中阴影部分后面的分格线隐去（如图 2），让学生填写阴影部分表示的分数。最后教师再继续引导学生想象："照这样分下去，你还能得到哪些分数？"由于最后一张图例中阴影部分后面已经没有了明显的分格线，学生失去了直接的参考，促使学生"跳起来摘桃子"。这样可能会比从原来"直白"的教材上得到更多的收获，使学生看得更广一些，想得更深一些，做得更多一些。

（三）延时介入，化静为动

如苏教版国标教材一年级（上册）《和是 10 的加法与相应的减法》一课，

通过观察情境图中 10 个小朋友在踢足球的场面，列出"一题四式"：

$6+4=$　　 $4+6=$　　 $10-4=$　　 $10-6=$

情境图中蕴含丰富的信息，要留给学生观察的时间，更要引导学生观察的角度。曾经有一位教师由于没有吃透教材，教学时过早地用手势暗示学生：左边……右边……，失去了让学生充分观察、思考、交流的机会。事实上，学生对这幅情境图非常感兴趣，完全能够从不同的切入点观察，生成丰富的教学资源：（1）左边有 6 人，右边有 4 人，一共有多少人？（2）穿黄上衣的有 6 人，穿绿上衣的有 4 人，一共多少人？（3）穿蓝裤子的有 4 人，穿紫裤子的有 6 人，一共有多少人？（4）穿红鞋子的有 4 人，穿蓝鞋子的有 6 人，一共有多少人？……

三、联系实际，活用教材资源

教育家叶圣陶说："教材只能作为教课的依据，要教得好，使学生受到实益，还要靠教师的善于运用。"因此，我们在备课时，必须根据学生和学校的实际"活"用教材。

（一）结合学生实际

学生是数学学习的主人，教师是数学学习的组织者、引导者与合作者，因此教师必须了解学生已有知识发展水平和已有知识经验，对数学教材进行加工。选择具有现实意义、富有挑战性的学习内容，向学生提供充分从事数学活动的机会，帮助他们在自主探索和合作交流过程中，理解和掌握数学基础知识与技能、数学思想与方法，获得广泛的数学活动经验。如苏教版国标教材三年级（上册）《认识周长》，教材安排了测量树叶的周长，这对于三年级的学生来说难度太大了，我们改为测量学生熟悉的胶带纸的一圈的长度。经此一改，不仅易于操作了，顺利地达到了教学目标，而且给学生留下了极大的思考空间：可以用皮尺直接测量，可以借助细线间接测量，可以不用细线而撕开一圈胶带纸直接测量……学生摆脱了操作的无奈，演绎了过程的精彩，收获了成功的喜悦。

（二）结合本校实际

各个学校教学设施的不同，学生学习条件的不同，学生所处的环境差异，造成了学生认识的差异，接受事物能力的差异，因此在使用教材时不能搞一刀切，不能不顾实际情况，全部照搬教材，而要根据本地的教学条件及学生情况，充分利用当地的各种教学资源改造现有教材，合理地使用教材。

如《方程的意义》，原教材用天平做实验，通过添加砝码使天平两端平衡引出方程的意义。但此实验操作实施却有难度：一是许多条件差的学校因天平少而不能做到让每个学生或每组学生都能亲自动手操作，只能让学生观看教师的演示。由于天平刻度数字小，后面的学生根本看不见，只能听教师讲解。二是实验操作时，天平很难平衡，虽然反复调试，有时仍有误差，浪费时间，学生在下面心系操作无心观察。鉴于此，我们提供了一组式子：（1）$a+10$；（2）$4x=240$；（3）$18×3$；（4）$30+60=90$；（5）$100÷5=20$；（6）$46-7.2$；（7）$40x=100$；（8）$5x+8$。根据分类思想让学生分类，使学生在分类的探究活动中归纳出方程的意义及方程与等式的区别和联系。同时分类活动的设计具有开放性，培养了学生发散思维的能力，提高了课堂的教学效率。

四、合理重组，优化教材资源

教材虽是最主要最重要的课程资源，但教师在充分使用教材的同时，也可针对教材中的某些局限性灵活地处理，大胆地改造，从而加大探索力度，提高思维难度，增加教学密度，提升教学效度，使教学资源更加优化，更好地为教学服务，为学生服务。

（一）课时内重组

如苏教版国标教材三年级（上册）《认识周长》一课，教材的编排顺序是：例题—试一试—想想做做。教材编排意图是："例题"先出现一个儿童游泳池，池的上口一圈边线用粗黑线表示，教材通过卡通人物说出"游泳池口黑色边线的长就是它的周长"。例题中又画了一双手在用绳子沿树叶的边围一圈，并把绳子拉直放到直尺上量长度，其中前一幅图突出一周，后一幅图突出周长是长度。再次让学生感知什么是树叶的周长，同时还让他们看到可以"拉曲成直"，便于度量周长。"试一试"引导学生继续认识平面图形的周长。通过"下面每个图形的周长各是多少"和"你是怎样算出来的"这两个问题促使学生认知迁移，以对物体表面周长的认识，来理解平面图形的周长。学生在说、量、算等活动中，理解平面图形一周所有边的长度的总和是图形的周长，这里面既有周长的概念，又有计算周长的基本方法，两者有机融合成一体。学生可以用细线沿图形的边围一圈，拉直了量一量，也可以分别量出图形各条边的长，再相加得到这个图形的周长。"想想做做"第1~3题起巩固周长概念的作用，其中第2题通过描出各个图形的边线，又一次让学生感受周长是围成平面图形一周的边的长度总和。第4、5两题测量或计算图形的周长，第4题特意在各个平面图形中设计了长度相同的边，学生可以用不同的方法列式计算各图形的周长，为以后探索长方形和正方形的周长计算方法打下基础。第6题引导学生把对周长的认识应用于现实生活，是一道实践活动题。

研究发现，这样的编排并不符合学生的认知规律和生理发展特点，过高地估计了三年级学生的水平。原因主要有：（1）周长概念的出现突兀，直接地告诉，缺少认知的建构。不仅缺乏直观支持，而且概括也不全面。可通过指、摸几个具体实物的边线的长，揭示物体边线一周的长就是物体的周长，再通过描每个图形的边线，指出图形的边线的长就是图形的周长。在此基础上，概括出物体一周的长或图形一周的长就是周长。（2）实际操作的难度过大。树叶虽然随处可见，俯拾皆是，但由于质地柔软，边缘粗糙，不易平整且均有长柄，这对小肌肉群尚未发育成熟的三年级学生而言，要测量它的周长谈何容易？（3）环节之间的衔接不够。例如"例题"与"试一试"，"例题"测量树叶的周长采用的是间接测量的方法，而"试一试"两个图形却是直线图形，都可以用直尺直接测量各边的长度，再求和。但我们发现受例题的负迁移，还有学生用细线围一圈，再测量，这不是方法上的脱节与误导吗？每一种工具都有它的特定的使用对象，每一种方法都有它的适用范围。

因此，在教学中我们对本节课作了"变动"。具体调整顺序如下：

第一步：讲授周长的概念。由实物的边线（改编儿童游泳池和"想想做做"第 1 题）和图形的边线（"想想做做"第 2 题）概括得出。

第二步：教学周长的计算。先计算直线图形的周长（"想想做做"第 4 题和"试一试"），由于第 4 题的暗示，学生练习"试一试"时很自然地就想到用直尺测量的方法，而没有出现用细线围的情况，然后计算曲线图形的周长（例题中的测量树叶的周长，我们降低了操作难度，将其改为测量学生的透明胶一圈的长度，学生兴致盎然）。

第三步：进行实践应用。"想想做做"第 6 题（量腰围）。

至于第 5 题，因难度过大、课堂时间不允许讨论，调至《长方形的周长计算》一课后学习。

（二）单元内调整

如教学"小数乘法"，揭示因数和积的变化规律后，直接跳至"小数乘小数"的教学，而后让学生自己研究"小数乘整数""整数乘小数"的算法。这样重组教材，一方面有效防止了原来教材先教学"小数乘整数""整数乘小数"时给学生留下的"小数点对齐"的错觉，克服了小数加减法带来的负迁移。现在先教学"小数乘小数"正面强化了小数乘法的算理，因为在"小数乘小数"计算中算理表现得更为清晰、突出和典型，然后由一般到特殊，"小数乘整数""整数乘小数"计算就相对比较简单，完全可以让学生"顺水推舟"；另一方面，这样大跨步的整体性教学，节省了教学时间，提高了教学效益。

（三）单元间整合

分数乘除法应用题与百分数三种应用题，在意义上及算理上都是一致的，只是形式上不同。我们完全可以将它们合二为一，实现单元之间的内容整合。为此，我们在讲解分数乘除法应用题前做了两个工作：首先在原教材小数与分数互化的基础上，增加了分数与百分数的互化，这就为分数、百分数形式上的互化作了准备。其次，在原教材求一个数是另一个数几分之几的基础上，增加了求多几分之几和少几分之几的题目，为百分数应用题做好铺垫。这样，在教学分数乘除法应用题时，只要把原分数转化成百分数的形式就可以了。因为意义、法则、算理都是一样的，百分数应用题不需要再另起炉灶去讲了，仅此一项就可节约十几个课时，而且沟通了知识的内在联系，减少了讲授的层次，也保证了教学效果。通过乘法应用题对比训练，促使学生去思索、去辨别，在什么情况下用乘法，在什么情况下用除法。练习中出现了一些乘除混淆的错误，通过分析讲解，学生在比较中进一步了解了分数乘法应用题与分数除法应用题的内在联系，加深理解了乘法与除法之间的互逆关系，掌握了解题思路。坚持分数、百分数同时讲，乘除对照讲，在教学中坚持题、图、意、式四位一体。这种教法，可以从本质上看清乘除之间的区别和联系；从客观上可以督促学生善于辨别和思考。这样安排，密度是比较大的。

五、适度开发，创生教材资源

由于地域的差别，民族文化的差异，学生背景的不同，教材受篇幅的限制，不可能适合每一个学生。因此，在使用教材上，要求教师不仅要用好、用实，而且要用活、用新。要解放思想、大胆创新，显现思维的层次性、题材内容的时代性、活动过程的探究性、学习方式的多样性和学习空间的开放性。

一位教师在教学百分数的应用时，以敏锐的数学眼光，及时地抓住北京申奥成功不久的有利时机，把申奥成功这个刚刚发生的学生熟悉的素材作为数学教学的活教材，并且对素材的处理也非常得当。开始，播放申奥成功时那段激动人心的录像，让学生再一次感受成功的喜悦，渲染了现场的学习气氛，提高了学生探索发现的兴趣。接着，教师没有纠缠于申奥成功的具体情节，而是迅速地抽取了"申奥得票数"这个对数学有用的信息，以统计图的形式呈现给学生，迅速地把生活情境转化成了数学情境，引导学生通过比较，提出数学问题。然后，教师引导学生用百分数的知识来分析数据，师生共同提出本节课主要探究的问题——"北京的得票数比多伦多多百分之几，多伦多的得票数比北京少百分之几"。这样，将本来很枯燥的百分数应用题的题材生活化，使学习材料具有丰富的现实背景，增加了学生的信息量，提高了学生探索的积极性，使学生体会到生活中处处有数学，感受到数学的趣味和作用，体验了数学的魅力。

　　总之，教学中教师既要基于教材、钻研教材，根据教学实际情况，充分挖掘教材所蕴含的教育因素，有效、合理地使用教材，又不能拘泥于教材，过度受教材束缚，要充分发挥自身的主导作用，利用广泛的教学资源，活用教材，创生教材，实现教材的再创造与二次开发。只有认真研读教材，感悟教材，领会教材，才能把握教材，创造性地使用好教材。

备课：在预设与生成中实现超越

江苏省常州市实验小学　王冬娟（特级教师）

备课，一个老生常谈的话题，在实施新课程的今天人们又赋予了它新的"活力"。曾经有人说，课堂是动态的，教学是生成的甚至是不可预约的，既然如此，备课无须花多大气力，只要有个简单的框架，然后根据课中生成的信息灵活应对。可现实又怎样呢？走进课堂，我们经常遇到这样的尴尬：面对学生提出的问题教师显得无所适从，要么不作评价，要么敷衍搪塞。究其原因，问题出在备课上。教师课前既缺乏对教材的研读和对学生的了解，更缺乏对课中生成问题的预设和思考，无法给学生以明确的回答和引领，大量的教学时间就在无谓的"对话"中流走了，造成了教学资源的极大浪费，令人扼腕。

我们不妨来看一则教师的反思日记。

……当我反思今天教学失败的原因时，我突然发现自己在备课这个问题上理解的肤浅和偏差。备课时，我不去研读教材的知识结构，也不去追问教材编写的原因，更没有好好地分析学生已有的知识基础和生活基础，而是苦思冥想着：情境要美妙，形象生动、引人入胜；设计要新颖，构思独特、扣人心弦；过程要流畅，清新自然、和谐完美；层次要清晰，环环紧扣、层层递进；当然，我更没有忘记在课尾掀起一个小小的高潮，使听课者带着满足和依恋走出教室，把自己的得意之作留给每一位听课的老师……遗憾的是，这些刻意的追求因课堂上学生鲜活的思想介入而显得无能为力，面对学生生成的新问题，我根本无法沉着应对，而是想着如何把这个问题引到我精心设计的下一个环节。教学因忽视学生鲜活的思想而显得机械和生硬，这从根本上违背了新课程以人为本的价值追求。由此我深深地体会到：充分地备课实在是太重要了——因为课堂不再是一种预设的线性呈现，而是多种预设创造性的组合——当然这种创造性不是凭借教师的精心策划而是依据学生的内在需求。离开了课前备课的充分性，就不可能有真正意义上教学的生成性和有效性。

不难看出，新课程不仅给教师带来了新的理念，还给教师带来了新的困惑。就备课而言，也存在许多新的"版本"。笔者认为，帮助教师确立正确的备课观是确保课改健康发展的有效途径。

观念一：备课是有效教学的保证。教学是两个发展中生命体之间的"对话"，课堂是开放的，教学是生成的，这意味着对教师业务素质和教学机智的挑战。只有深入研读教材，精心预设教案，全面了解学生，方能在开放的课堂里游刃有余、收放自如。

观念二：备课是不断预设的结果。每个好教师都有这样的体会，备课不仅发生在课前，还发生在课中、课后，教师应该具备随时调整教学预设的意识。正如苏霍姆林斯基所言，优秀教师应具备终身备课的意识。

可见，一个好教师应该做到课前精心预设，课中不拘预设，使备课在"课前预设"与"课中生成"的有机结合中实现超越。

一、课前预设：为实现超越保驾

教学是一项复杂的活动，它需要教师课前作出周密的策划，这就是对教学的预设。教学预设是教师发挥组织、引领作用的重要保证。凡事预则立，不预则废。没有高质量的预设，就不可能有精彩的生成。预设是一项较为复杂的智力活动，是一项系统工程，需要考虑教学要素的方方面面。数学课程标准明确指出，"数学教学活动必须建立在学生的认知发展水平和已有的知识经验基础之上"，要"开发和利用各种资源"丰富学生的学习内容。可见，准确把握教材、全面了解学生、有效开发资源是进行教学预设的重点，也是走向动态生成的逻辑起点，更是实现超越的前提和保证。

（一）准确把握教材

不可否认，教材是"大纲"或"标准"内容的具体体现，是学习内容的主要载体，也是学生学习的基本材料。但教材是面向所有的教师和学生编写的，因而它不一定适合教师个体的教学和所有学生的学习。因此，教师在分析教材进而进行教学预设时，应在深入理解教材的基础上根据学生的实际和本人的教学风格对教材进行适当的改编或重组。

如《分数乘分数的计算法则》一课，有的教材用"一台拖拉机每小时耕地 $\frac{1}{2}$ 公顷，$\frac{1}{5}$ 小时、$\frac{3}{5}$ 小时各耕地多少公顷？"作例题。对此，学生完全可以调用旧知解决新问题（如化成小数），学习新知的内驱力不够。也有的教材用"拖拉机每小时耕地 $\frac{1}{2}$ 公顷，$\frac{1}{3}$ 小时、$\frac{2}{3}$ 小时各耕地多少公顷？"作例题。这样设计虽然有利于引起认知冲突，但学生除了将高级单位转化为低级单位来解决问题外，探索新的计算法则似乎成为解决问题的唯一选择，因而自主学习的空间略显狭窄。在解读和分析教材的基础上，我将题目改为"一台拖拉机每小时耕地 $\frac{1}{2}$ 公顷，$\frac{3}{5}$ 小时、$\frac{3}{7}$ 小时各耕地多少公顷？"，让学生独立想办法解决问题。如果学生（可能是部分或少数）直接运用分数乘分数的计算法则，那么教师可以通过对法则的"质疑"直接引领学生进入新知的探索阶段。如果学生对分数乘分数的计算法则未知，那么 $\frac{1}{2} \times \frac{3}{5}$ 的计算为学生调用旧知解决新问题提供了尽可能大的空间（归一法、化成小数、化成低级单位的整数等），而对 $\frac{1}{2} \times \frac{3}{7}$ 的计算则令学生遭遇新的认知冲突，进而产生探求分数乘分数计算法则的强烈欲望，使对新知的学习成为学生已有知识的自然延伸。这样的处理，即使教学思路通畅顺达，也为课堂的精彩生成打下了基础。

（二）全面了解学生

教学是师生交往互动的过程。在这个过程中，学生原有的知识经验、能力水平、个性特点和兴趣爱好必然影响着教学活动的展开和推进。因此，尽可能多地了解学生、预测学生自主学习的方式和解决问题的策略，乃是科学预设的一个重要前提。如在制订《圆柱的体积》一课的教学计划时，教师应考虑到学生可能已经知道圆柱体的体积计算公式。这时，教师起码要预设两种教学方案。一是学生对圆柱的体积计算公式未知，教师该如何引导学生对未知进行自主探索。二是学生对圆柱的体积计算公式已知，又将如何引导学生进一步确认并追溯公式的来源。同样，当学生把圆柱转化为近似的长方体后，由于各人的视角不同，推导的过程也会有所不同。学生可能将其视作"底为 πr^2（圆）、高为 h 的长方体"，也可能视作"底为 πrh（侧面积的一半）、高为 r 的长方体"，还可能视作"底为 hr（纵截面的一半）、高为 πr（圆周长的一半）的长方体"。教师只有尽可能地预设各种可能，才能做到心中有数、临阵不乱。

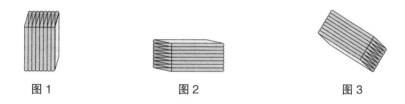

图1   图2   图3

（三）有效开发资源

　　动态生成本身就是在教学过程中随机开发和适时利用课程资源的过程。在教学过程中，学生一个正确或错误的回答，都能成为动态生成的课程资源。但这种开发和利用又依赖于原有课程资源的丰富性和适切性。所以，教师在制订教学方案时，要注重为学生提供丰富的课程资源。教师一方面要自己进行教学资源的开发和筛选，另一方面要指导学生通过各种渠道（如上网搜索、图书阅览、调查采访等）查找相关的资料，从而优化预设，收获生成。如我在教学《购房中的数学问题》时，让学生课前了解常州各房地产开发小区的地点、房型、面积、楼层系数等情况，使其成为购房方案设计的素材和依据；在教学《比例尺》时，让学生课前寻找常州地图并读懂常州地图，而我则利用网络收集比例尺各异的地图，为学生学习比例尺的意义、比例尺的运用等提供丰富的信息资源等。当然，低年级的学生需要教师在预设中多作一些准备。例如，在教学《角的认识》时，教师安排了一个"做数学"的活动，让学生选取身边的材料做直角。我们预设学生做直角的方法是多样的：画、折、围、剪、拼、找……样样都有可能出现。如果学生仅用身边的学习工具展开活动，无疑限制了学生的想象。于是，我们不仅为学生提供了游戏棒、水彩笔、细绳、直尺、长方形纸、剪刀、三角板等显性的材料，还为学生提供了钉子板、圆片、长方体、不规则的纸等隐性材料。课堂实践表明，丰富的实践活动材料为个性化地做出直角提供了极大的发挥空间，学生做的直角精彩纷呈，令教师耳目一新。

二、课中生成：为实现超越护航

成功的教学是预设与生成的和谐与超越。如果说课前的预设能为实现超越保驾，那么课中的生成则能为实现超越护航。学生的差异性和教学的开放性使课堂呈现出丰富性、多变性和复杂性。教学活动的变化发展有时和某种教学预设相吻合，而更多的时候两者是有差异的甚至是截然不同的。当教学不再按照预设展开，教师将面临严峻的考验和艰难的抉择。这就需要教师根据实际情况灵活选择、整合乃至放弃原有的教学预设，机智生成新的教学方案，使静态的预案变成动态的、富有灵性的实施方案，为实现超越护航。

（一）选择预设，灵活生成

课前的多维预设为教学活动的展开设计了多种"通道"，这为教学实施方案的动态生成提供了广阔的空间。如在教学《分数乘分数的计算法则》时，当教师引导学生讨论"你认为分数乘分数该怎样计算"时，除少数同学保持沉默外，许多同学都已经知道了"用分子相乘作分子、分母相乘作分母"的结论。这时教师灵活地在"对未知的探索"与"对猜想的验证"这两种预设中选择了"对猜想的验证"，并通过"算一算、数一数、比一比"的学习活动让学生验证自己的猜测（见附表）。下面便是课堂教学的真实记录。

【课堂实录】

师：（带着神秘的口吻）同学们，昨天下课的时候，我们留下了一个问题，还记得吗？

生：我知道，是分数乘分数应该怎样计算。

师：是啊，我们已经掌握了分数与整数相乘的计算方法，那么分数乘分数又该怎样计算呢？

生：（迫不及待地）我早就知道了，用分子和分母分别相乘！

生：（多数同学嚷道）这太简单了！

师：（对少数同学，故作惊讶地）你们听清楚了吗？他们刚才说什么？

生：他们说用分子相乘作分子，分母相乘作分母。

师：赞成的同学请举手表示你的态度。（扫视全班，期待冲突，但很失望）都赞成？你们是怎么知道的？

生：我是猜的。

生：我是听爸爸说的。

生：我是这样想的：因为分数和整数相乘时有两个分子、一个分母，我们是用分子和整数相乘的积作分子，也就是用分子相乘的积作分子，分母不变。现在是分数和分数乘，有两个分子和两个分母，我就猜想应该用分子相乘作分子，分母相乘作分母了。

师：（当机立断，选择预设二"对猜想的验证"）这些猜想是否正确？我觉得有必要来验证一下。（出示附表）请借助这张表"算一算""数一数"再"比一比"，从而验证自己的猜想。

生：（验证猜想，小组交流。）

……

师：通过验证，你们发现了什么？

生：（借助视频展示台向大家介绍自己的发现）我先根据猜想算出阴影部分的面积，再数出阴影部分的面积，发现算的结果与数的结果完全相同。这说明我们的猜想是正确的。

生：（急切地）我想补充。为了进一步验证这个猜想是不是在所有情况下都正确，我和同桌还商量着各画了一个不同的长方形进行验证，

结果发现结论同样成立。这更说明我们的猜想是正确的。（展示自己和同桌画的图及验证的过程）

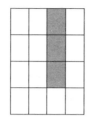 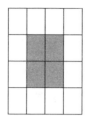

算：$\dfrac{1}{4} \times \dfrac{3}{4} = \dfrac{3}{16}$　　　　　　$\dfrac{2}{4} \times \dfrac{2}{4} = \dfrac{4}{16}$

数：$1 \div 16 \times 3 = \dfrac{3}{16}$　　　　　　$1 \div 16 \times 4 = \dfrac{4}{16}$

师：你们画的图和他们的一样吗？结论是否正确？由此能得出什么结论？

生：虽然我们画的图各不相同，但都验证了猜想是正确的。所以，分数乘分数的计算法则就是"分子相乘作分子，分母相乘作分母"。

生：老师，我觉得这个结论有点问题……这些例子都是同分母分数相乘，如果是异分母分数相乘，这个结论是否还成立呢？

（教室里顿时安静下来。奥苏贝尔曾经说过："影响学习的唯一的最重要的因素，就是学习者已经知道了什么。"可我在课前进行预设时，只想到用不完全归纳法来验证猜想进而得出分数乘分数的计算法则，却忽略了对学生已有知识经验的分析。细细想来，学生一定是将"分数加减法计算法则"中的"同分母分数加减法"和"异分母分数加减法"迁移过来了，自己险些被学生"将"了一军。幸好有生成的意识和多年的教学经验，我在抛出"绣球"的同时给自己留出了"课中即时备课"的时间，使自己沉着地备好了下面的学案。）

师：（惊讶进而兴奋地）这个问题太有价值了！谁能回答这个问题？

生：我有办法了！只要把这里的 $\dfrac{2}{4}$ 约分成 $\dfrac{1}{2}$，这样原来的同分母分数相乘（$\dfrac{3}{4} \times \dfrac{2}{4}$）不就变成了异分母分数相乘（$\dfrac{3}{4} \times \dfrac{1}{2}$）了吗？算出

结果等于 $\frac{3}{8}$，也就是 $\frac{6}{16}$，与数的结果完全相同。所以结论还是成立的。

师：（装着没听懂）谁听懂了？把他的意思再给大家解释一下。

（生复述，师板演。）

师：（带头鼓掌）真的好佩服他，在这么短的时间里创造性地解决了一个具有挑战性的问题，真是一个创举！

生：我还是觉得不对。用原来验证过的算式来验证，肯定是没问题的，如果换一个异分母分数相乘的算式，结果又会怎样呢？

（教室里的空气似乎凝固了，我又是一愣。）

生：是的，应该重新画一幅图，这样就有说服力了。

（不知是谁打破了寂静。真是此地无声胜有声，没等老师"发令"，几乎所有的同学又投入到新的探究活动中去。几分钟后，"成立""成立"的唏嘘声此起彼伏，同学们紧锁的双眉终于舒展开来。我也灵机一动，让同学们把自己的"新作"写在黑板上，图文并茂，使人一目了然。大家纷纷走上讲台，阐述自己的观点。分数乘分数的计算法则就这样在学生的认知结构中建构起来……）

部分同学画的图与验证过程：

算：$\dfrac{3}{5} \times \dfrac{3}{4} = \dfrac{9}{20}$ $\qquad$ $\dfrac{3}{5} \times \dfrac{2}{3} = \dfrac{6}{15}$ $\qquad$ $\dfrac{2}{5} \times \dfrac{5}{6} = \dfrac{10}{30}$

数：$1 \div 20 \times 9 = \dfrac{9}{20}$ $\qquad$ $1 \div 15 \times 6 = \dfrac{6}{15}$ $\qquad$ $1 \div 30 \times 10 = \dfrac{10}{30}$

这是一个"选择预设、动态生成"的典型案例。首先是教者在两种预设方案中选择了"对猜想的验证"，顺应了学生的认知需求。接着是教者尊重了学生探究过程中动态生成的教学资源，并对其进行了机智的利用与开发，使学生从对"同分母分数相乘"的算法验证自然进入对"异分母分数相乘"

的算法验证，不仅丰富了研究素材，拓展了认知背景，建构了知识意义，更蕴含了"发现问题—提出猜想—验证假设—发现新问题—深入探究—……形成结论"的解决问题的一般方法，真正落实了"使获得基础知识与基本技能的过程同时成为学会学习和形成正确价值观的过程"的新课程理念。

附表：

图　　形 （大正方形的边长是 1 分米）				自己再任意画一个试一试
算一算：阴影部分面积是多少				
数一数：阴影部分面积是多少				
比一比：你的猜测正确吗？				

（二）整合预设，机智生成

为了使教学尽可能完美，课前教师需要从多维度预设教学过程。例如：教学目标如何具体化？各维度和各层次目标如何随着教学进程逐一达成？教学内容怎样呈现？教学流程如何设计？运用哪些教学方法？……课前教师的思维主要表现为分析性。但在实施教学的过程中，教师应直面真实的教学，根据师生交往互动的具体进程来整合课前的各种预设。这时，教师的思维更多地表现为整合性。以《能被 3 整除的数的特征》一课的巩固练习为例。

【静态设计】

第一层：简单运用（规律的运用。以人教版第十册 P55/5 为素材，目的是巩固特征）；

第二层：灵活运用（策略的形成。以人教版第十册 P55/6 为素材，目的是在策略形成的过程中感受答案的多样化）；

第三层：综合运用（技巧的获取。以生活中的数据为素材，目的是在"做数学"的过程中形成一些技巧）。

【动态实施】

师：（发现规律后）给你一个数，你能很快判断它能否被3整除并说出判断的依据吗？

生：（齐声回答并欲报数）能！我来报（课前的收集准备激活了学生的热情）……

师：（被学生感染，迟疑片刻，即时应答）真的能吗？那就请你先报一个数吧！

生：我们新村的邮政编码是213003，请问能不能被3整除？

生：能！这个数各位数的和是9，能被3整除。

生：我认为不必相加就可知道它能被3整除。因为3能被3整除，2加1也能被3整除。

师：（故作惊讶地）他是怎样判断的？谁能来解释一下？

生：他是根据各位数的和是3个3来判断的，这比把各位数相加再判断要简便。

师：这确实是个好办法！

生：（带着挑战的口吻）我家的电话号码是5569432，谁能很快判断出它是否能被3整除？

生：（有的在观察，有的在运算，有的已经举起了手。）

师：这可是个具有挑战性的数据！谁来介绍自己的方法？

生：3、6、9都能被3整除，剩下的数相加和是16，所以不能被3整除。

生：我的方法更简单！先划去3的倍数6、9、3，再划去5和4，它们的和等于9，最后算5加2得7，所以这个电话号码不能被3整除。

生：（急切地）我补充。当剩下5、5、4、2时，我们还可以用"移多补少"的方法把2平均分给两个5凑成3的倍数，剩下的4显然不能被3整除，这样就更快了。

生：（不约而同地）哇，真棒！

师：你们把规律用活了，连我都没想到这么多！

生：我的身份证号码是32040491042****，看谁最先得出结论并说出判断的过程。

生：……

师：（由衷地）看来，只要我们善于观察、积极动脑，就能创造出许多好办法，再大的数据也难不倒我们。我为你们感到骄傲！

显然，教师课前的预设只考虑了学生课前的知识储备，而忽略了学生课中"做数学"的经验积累——学生在探索能被3整除的数的特征的过程中已经积累了"各部分的数能被3整除，和也能被3整除（尽管他们未曾深入研究）"的事实经验，这为学生灵活运用规律进行判断作好了策略上的准备。当学生已经主动跳出课前第一预设（规律的运用）和第二预设（策略的形成）而直接进入第三预设（技巧的获取）时，如果教师还机械地将学生纳入自己预设的轨道，那么学生燃烧的激情将会熄灭。可喜的是教师机智地将三个层次的学习活动进行了整合，并主动让学生到台前唱"主角"，通过质疑和交流，使动态生成的资源达到共享的效果。原本机械的教学预设在师生的共同创造中变得充满灵性、充满智慧、充满活力。

（三）放弃预设，创造生成

教学设计是教师组织教学的主要依据，它为教学活动的有序开展提供了保障。但如果教师视教案为禁锢，不敢越雷池一步，就有违"教学过程是师生交往、动态生成的过程"的教学理念，更难实现以学生的发展为本的课程目标。以《圆柱的认识》为例，课前预设第一课时教学圆柱的认识，但课刚开始就发生了意外的事情。

师：（出示许多平面图形和立体图形）你们认识这些图形吗？如果要为它们分分类，你们准备怎样分？说说分类的依据是什么。

生：（思考并在小组内交流）

师：谁来介绍一下？

生：我们组是按照直线和曲线分成两类（一类是长方形、正方形、三角形、平行四边形、梯形、长方体、正方体；一类是圆、圆柱、圆锥、球）。

生：我们组把它们分成平面图形和立体图形两类。

师：两种分法都可以。我们已经认识了平面图形和立体图形中的一部分，今天我们将继续研究立体图形。你们准备研究什么？

生：我准备先研究圆柱体。

生：我准备将剩下的圆柱、圆锥和球一起研究，因为它们都有弯曲的面，肯定有类似的地方。

生：这样可能来不及。不过这样的研究可能便于比较，所以我建议先研究圆柱与圆锥。

师：（出乎意料，将"球"抛给学生）你们的意见如何？

生：研究两个！

师：（稍作思考）行！你们准备研究些什么？

生：像长方体一样，研究"棱""顶点""面"的特征。

生：还可以研究一下"高"。

生：还可以与长方体和正方体进行比较。

师：你们可以独立研究，也可以小组合作，还可以先独立思考再小组交流……

在上述教学过程中，当学生自主选定的学习目标与教师的课前预设发生偏差时，我果断地放弃了预设以满足学生探究的欲望，收到了意外的效果。学生们在对比中发现：虽然圆柱和圆锥的侧面都是曲面，但它们的展开图却不一样，前者是长方形而后者并不是三角形而是扇形；圆柱的纵截面是长方形而圆锥的纵截面是三角形；圆柱的横截面是大小相等的圆而圆锥的横截面是大小不相等的圆，所以圆锥的上底面可以看成半径为零的圆；长方体、正方体是由平面围成的，而圆柱、圆锥是由平面与曲面围成的，这是长方体、正方体与圆柱、圆锥的最大区别；当有人提出"圆柱和圆锥都有无数条高，但圆柱的高都相等而圆锥的高却不相等"时，立刻有人提出应该将最长的一条——"从圆锥的顶点到底面圆心的距离"确定为高并通过查阅课本得到了证实……这些对比中的发现促使学生全身心投入探究活动，也使学生获得巨大的成就感，感受到数学的神奇和美妙。反思这一意外的收获，正是因为教师及时放弃了"只研究圆柱特征"的预设方案而生成了"将圆柱、圆锥放在一起研究特征"的实施方案，从而顺利地将学完圆柱、圆锥后教师要求下的被动对比变为新知学习过程中的主动探究，顺应了学生的探究欲望和学习需求，才使学生找到了适合自己的学习方式，从而使意义的建构更加丰富、更加完善。或者说，正因为学生找到了从"整体"入手这个"支点"，学生探究的兴趣才更加浓厚，探究的过程才更加深入，探究的发现才更加精彩。虽然课前设计的练习因时间关系未能进行，但我坚信，这样的"放弃"比"保留"价值更高。

　　总之，教学过程的生成性不但没有降低对备课的要求，而且对备课提出了新的挑战，那就是要在课前预设和课中生成中找到结合点、和谐点，灵活地、机智地组织起有效的学习活动，真正实现对教学预设的超越，使课堂承载生命的精彩！

如何备好一节数学课

浙江省杭州市文海教育集团　刘　松（特级教师）

古人云：兵马未动，粮草先行。备课的重要性，不言而喻。备课，是教师重要的基本功，也是教师的职责和应遵守的规则。如何备好一节课，对每位教师而言，永远是一个古老而年轻的话题，作为一名教师不能不知道如何备课，不能不研究备课的艺术。在新课程的背景下，到底如何备好一节课？什么才是备课的最高境界？怎样才能达到备课的最高境界？传统教学法里有不少关于"如何备课"的经典之说，在现在乃至将来，仍值得我们进一步认识、理解与遵循。如：明确教学目的、任务，把握相关内容的重点、难点；安排课堂形式、内容、结构等等。在此，我想结合自己的工作实际，从另一个角度就"如何备好数学课"谈点粗浅的体会。

一、两则报道的启示

多年前在《教师博览》上看到两则报道。报道一：一位年长的历史老师上了一节精彩绝妙的公开课，课后，年轻的崇拜者向他请教："请问老先生准备这节课用了多长时间？"长者答："我用了整整一生（写教案只用了15分钟）。"报道二：名师魏书生有一次应邀到外地讲学，上课前10分钟发现与事先准备的课题不一致，魏老师不慌不忙，利用学生进场的10分钟，快速熟悉教材，调整思路，结果上出了让1000多位听课教师拍手叫绝的一节好课。

启示：真正备好一节课，要穷尽一生的努力；"不备而备"乃备课的最高境界。对此，我深信不疑。这应该是所有热爱教师工作的人们追求的终极目标。

二、明确好课的标准

备课的直接目的是保证课堂教学的质量。而什么样的课堂教学才是成功的教学？"好课"标准是什么？作为备课人首先应该明确这个问题，否则一切教学设计岂不没了目标，没了方向。

对于新课程背景下"好课"的标准这一问题，众多专家虽然各有说法，但基本观点是一致的。到底怎样的课才能称得上是一节好课，在国家教育政策层面上已得到基本解决。新一轮基础教育课程改革的纲领性文件《基础教育课程改革纲要（试行）》（以下简称《纲要》）对此已有明确的要求和规定。其中对课堂教学的要求是："教师在教学过程中与学生积极互动、共同发展，要处理好传授知识与培养能力的关系，注重培养学生的独立性和自主性，引导学生质疑、调查、探究，在实践中学习，促进学生在教师的指导下主动地、富有个性地学习。教师应尊重学生的人格，关注个体差异，满足不同学生的学习需要，创设能引导学生主动参与的教育环境，激发学生的学习积极性，培养学生掌握和运用知识的态度和能力，使每个学生都得到充分的发展。""大力推进信息技术在教学过程中的普遍应用，促进信息技术与学科课程的整合，逐步实现教学内容的呈现方式、学生的学习方式、教师的教学方式和师生互动方式的变革，充分发挥信息技术的优势，为学生的学习和发展提供丰富多彩的教育环境和有力的学习工具。"对课堂教学评价，《纲要》强调评价的发展性，即："建立促进学生全面发展的评价体系。评价不仅要关注学生的学业成绩，而且要发现和发展学生多方面的潜能，了解学生发展中的需求，帮助学生认识自我，建立自信。发挥评价的教育功能，促进学生在原有水平上的发展。"

《纲要》中的每一句话均具有丰厚的内涵，值得我们细细品味，认真落实。要想备好一节课，首先必须深刻理解《纲要》的精神实质。比如课堂教学的第一个要求——"教师在教学过程中与学生积极互动、共同发展"，言下之意，教师就不能一言堂、满堂灌，否则如何实现互动、共同发展？要想做到这一点，备课时教师就必须考虑课的容量的适度，课的节奏的快慢等等，要留足学生活动和思考的时间与空间。比如"教师应尊重学生的人格，关注个体差异，满足不同学生的学习需要"，也就是要求教师要创设宽松民主的氛围，设计难易程度不同的问题，层次形式各异的练习等等，所有这些，必须在备课时给予充分的考虑，否则课堂上根本无法实现。比如："创设能引导学生主动参与的教育环境，激发学生的学习积极性"，如何才能做到这一点？备课时就必须从形式和内容两方面给予考虑，内容上要充分关注学生已有的知识经验和生活经验，合理适度地确立教学的起点和进程，有效创设教学的情景；形式上就必须关注学生的生理和心理特点，设计适合儿童特点的形式多变的教学活动，否则调动不起学生主动参与的热情，也就无积极性可言。再比如"大力推进信息技术在教学过程中的普遍应用，促进信息技术与学科课程的整合，逐步实现教学内容的呈现方式、学生的学习方式、教师的教学方式和师生互动方式的变革，充分发挥信息技术的优势，为学生的学习和发展提供丰富多彩的教育环境和有力的学习工具"，说的是信息技术与学科课程的整合，狭义上可认为是每节课中的 CAI 设计，广义上应该是类似于"英特尔未来教育"式的真正意义上的信息技术与学科课程的整合。如我校一位教师上《美丽的轴对称图形》一课，事先制作了关于轴对称图形的精美的网站，内容包括各种各样具有轴对称特征的汉字、数字、图形和精美的图片及在线答题、相关网站链接等。在电脑教室里，在老师的引导下，在鼠标的点击声中，学生们走进了神奇美妙的图形世界，网络为学生们打开了一扇扇智慧之窗。一节课下来，不仅学生陶醉了，听课教师也陶醉了。试想，如果课前没有充分的准备，没有对信息技术与学科整合的深刻理解，哪来如此神奇的课堂？再比如"评价不仅要关注学生的学业成绩，而且要发现和发展学生多方面的潜能，了解学生发展中的需求，帮助学生认识自我，建立自信"，这里谈的评价不仅包含终结性评价，也应包含过程性评价，而过程性评价自然应包含课堂教学进程中教师对学生各种表现作出的适时适度的评价。要想真正帮助学生认识自我，建立自信，发挥评价的教育功能，促进学生在原有水平上进一步发展，学生表现精彩，教师应该给予热情的赞扬；学生回答不理想，教师也应给予真诚的鼓励，让其体面地坐下。要做到这一切，教师必须在备课时认真设计评价语言，否则说出的话可能就会因为单调、干巴或生硬而起不到激励作用。

三、创造地使用教材

创造性地使用教材指的是教师在充分了解和把握课程标准、学科特点、教学目标、教材编写意图的基础上，以教材为载体，灵活有效地组织教学，拓展课堂教学空间。创造性地使用教材是教学内容与教学方式综合优化的过程，是课程标准、教材内容与学生生活实际相联系的结晶，是教师智慧与学生创造力的有效融合。

本次新课程改革，无论是在课程设置上还是在课程内容及教材编排方式的更新上，都给教师提供了广阔的创造空间。它带来教学观念、方式的一大改变，就是要求打破原有的教学观、教材观，创造性地使用教材。

创造性地使用教材是一名优秀教师应具备的基本素质。只有创造性地使用教材，才可能实现教学内容和教学方法与手段的完美统一；才能使教材的普遍性同本地区和本人教学实践的特殊性实现有机结合；才能最大限度地满足学生对学习内容、教学方法的需求，充分调动教学双方的积极性，提高教学效率。事实证明，即使在本次新课改实施以前，很多有名的教师之所以成名，其中一个突出的特点就是不拘泥于教材所限定的空间，能有效结合自己的实际，进行富有个性的创造。创造性地使用教材要求教师进一步树立课程意识，以新的课程观、学生观、教材观、课程资源观来重新审视、规划教学目标、内容和方法，以更高、更宽的眼光来设计教学，看待学生，而不仅仅局限于教材和一时的教学效果。教师在创造性地使用教材中应充分认识教学目的的重要性。每节课、每次活动都应有明确的教学目的，否则容易形式化——为活动而活动，为体验而体验，为了创造性地使用教材而轻率、刻意地去更改教材内容。教学手段与教学目的和谐一致是创造性地使用教材的基本着眼点与归宿。

（一）创造性地使用教材的主要表现

1. 对教材的灵活运用。这指的是教师结合本地区、本校和本人的实际情况，特别是联系学生生活实际和学习实际对教材内容进行灵活处理，及时调整教学活动。比如，更换教学内容、调整教学进度、适当增减教学内容、重组教学单元、整合教学内容等。

2.对课程资源的合理利用。首先表现为教师对教材配套练习、教具的自主开发。当教师的教学成为极富创造性和个性化的活动时，教材出版单位及市场所提供的教材配套练习、教具必然不能满足真实的课堂需求。适合自己课堂教学的配套练习、教具的开发就成为教师教学活动中的重要一环。因此，创造性使用教材的一个重要表现还在于要求教师依据新课程的理念和自己的教学需要，因地制宜地开发、制作简单的教材配套练习、教具，尤其是有利于学生自主、合作、探究学习的练习和适宜学生交流感受、动手操作及在小组合作中使用的教具。其次，合理、有效地利用一切可利用的资源，最大限度地做到资源共享，是教师创造性地使用教材的基本保障。对教师来说，教师之间及教师与学生、家长之间的合作显得尤为重要。教师要善于了解、发现学生及家长的情况、变化，即时挖掘与教学内容相关的教育教学资源，还可以请他们一起参与教学活动，使教学活动过程成为与学生生活实际密切相关的，由师生甚至是家长和社区人士共同创造、建构的过程。

创造性地使用教材的终极表现就是开创适合自己学校（班级）的、有特色的教学。一个富有创造性的教师，一定有其独特的教学风格。有效地利用自身及学校、班级的特点，形成适合自己班级的、有特色的教学应该是教师们永远的追求。

（二）创造性地使用教材的注意事项

1.必须以课程标准为依据，在充分把握教材编写意图的基础上进行，不得随意改变教学目的，违背学科教学特点，这是创造性地使用教材的前提和基础。

2.必须以有利于调动学生学习兴趣，以有利于有效教学为出发点。

3.必须是"实"与"活"的高度统一，不能流于形式做表面文章。

4.应最大限度地避免主观行为，从实践中来，到实践中去。要充分尊重学生的客观实际，不能由教师主观臆想。

5.必须量力而行，要充分结合自己的教学特点，不可一蹴而就，急于求成。

创造性地使用教材的成功案例太多太多，这里不再赘述。我们可以得到这样的结论：任何一节成功的课，必定含有教师再创造的成分，我们不能一概而论地说创造越多就一定是一节好课，但如果一点不创造，肯定上不出一节精彩的课。所以，在备课时，教师必须紧密结合自身特点和学生实际，合理有效地对教材进行再创造。1991年，我在村小工作，参加当时的乡级青年教师课堂教学大奖赛，获三等奖的倒数第一名；2001年，我代表安徽省参加全国第五届小学数学优化课堂教学观摩会，获一等奖第一名。十年间，两个第一名，却有天壤之别。许多年轻的教师私下里问我有什么成功的秘诀，我笑答：如果我的成长是成功的，最大的秘诀就是我从来不按课本上课。

四、博采众家之长

一个人的智慧是有限的，集体的力量是无穷的。多年来我备课有个习惯：拿到课题后，我总喜欢什么参考资料都不看，什么人也不请教，自己先在心中构思，从目标设定到环节安排，从教法选择到活动设计等予以全盘的考虑，然后再查阅相关资料，请教别人，进行对比分析，看哪里自己想到了，哪里忽视了，为什么忽视了，别人的设计好在哪里，好的设计是否符合自己的特点，自己能否驾驭得当，等等。长期这样思考，极大地促进了我的成长，提高了我的专业发展的速度。多年的实践使我体会到，越想备好一节课，越是要做好博采众长后的对比和反思工作。在博采了众家之长之后，再对自己的教学进行重新设计，往往就能备出一节比较理想的课。

2001年3月全省优质课评比，18个地市18位教师全上同一节课——《时分的认识》，我抽签第一个上，三天后成绩公布，我荣获第一名。接着准备参加4月份的全国大赛时，我就从合肥和淮南两位选手的教学设计中改进了两点做法：一是合肥老师的课件创意，认识"分"时，让分针从12起运行，走到几停下来，让学生说出经过了多少分钟，为了让学生看清楚，课件显示出分针针尖在圆周上划过的痕迹（这一点我没想到）；二是淮南老师的一个练习设计，老师事先发给每位同学一张钟面卡，上面标有不同的时间，老师说出几时几分，让学生举出相应时间的钟面卡，几轮下来，每位同学都得到了一次练习的机会（面向全体得到了充分体现）。18节课听下来，这两个设计让我眼前一亮，感觉非常好，但对好的设计我一贯的做法是绝不能照搬照抄，博采众家之长的最高境界应该是在别人基础上的再创造。受到这两位教师的启发，我对课件作了修改，在分针转动过的小格上做出一条颜色鲜艳的色带，分针指到哪，色带就跟着转到哪，不仅增添了课件的美感，而且更加突出地让每个学生都清清楚楚地看到了分针转动的情况；练习部分，我同样发给每位学生一张卡片，但换成由小白兔说出时间（配音制作），以让学生帮小白兔找朋友的方式进行，这不仅达到了全面练习的目的，而且渗透了爱心教育，学生兴趣盎然。

有的老师可能会说，我们平时哪有这样的机会——一下子集中听这么多节课，其实，即使自己在家中备课，只要我们有心，同样可以做到博采众家之长，尤其在网络技术如此发达的今天，没有任何人可以阻挡住你学习的机会。仍以《时分的认识》为例，2000年寒假接到参赛的任务后，为了把课备好，我颇费了一番苦心。记得曾有人把课堂教学艺术概括为"豹头、猪肚、凤尾"六个字，"豹头"指的是课的开始要吸引人，"猪肚"指的是课的进程要实实在在，"凤尾"指的是课的结尾要令人回味无穷，这六个字的概括非常经典。为了达到这种经典的境界，我尽了最大的可能翻阅文献资料，上网搜索，共找到相关的教学设计50多篇，对其仔细分析整理后，我发现，这些教学设计的"豹头"部分可归纳为四类。一是开门见山，直接出示时钟，问"同学们，你们认识它吗？它有什么作用？"，学生回答后直接切入主题；二是谈话式引入，先与同学们交流"你们早上几点起床的呀""你们是怎样知道时间的呀"，学生回答看闹钟后切入主题；三是情景引入，教师放时钟行走时嘀嗒嘀嗒的声音，问"听，这是什么声音"，学生说出是钟的声音后切入主题；用得最多的是第四类，借谜语引入，教师先出谜语（诸如：会走没有腿，会说没有嘴，它能告诉我们什么时候起什么时候睡等），学生猜出是钟后自然引入主题。这四类引入方式各有千秋，并无优劣之分，在平常的教学中哪一种方式都可以使用。博采了众家之长之后，我开始了自己的"创新之旅"，怎样才能做到既不重复别人的做法，又能达到紧扣教材主题、贴近学生生活实际，同时有效引起学生学习兴趣的目的呢？为此，我苦思冥想了一个多月，前后推翻了十几种设计方案（包括领导和老师们帮我设计的方案），天天想得发呆，我夫人（非教师）看了都心疼，最后还是夫人的一句无意的话给了我启发，我终于想出了让龟兔绕着 12 棵树围成的圆圈赛跑的引入方式，12 棵树围成的圆圈暗示钟面，龟兔赛跑的故事学生耳熟能详，让它们绕圆周赛跑学生感到新鲜，做成动画就更吸引人了，比赛同时开始同时停，乌龟只跑到第一棵树的位置，而白兔则跑了一圈，暗示时针和分针的运行规律，整个画面表面上看是龟兔在赛跑，实质上是一个钟面运动。在省里赛课时，评委及听课老师们都说这节课的这个部分最精彩，而其他选手在这个环节上，大多没跳出传统的框子或改进不大。参加全国比赛时，北师大的周玉仁教授在大会总结时给予了这节课高度的评价，概括为四个字——"新、实、活、美"，我想"新"首先指的就应该是引入部分的设计。四年过去了，这个设计的理念虽然还没有落后，但这个设计已不再新鲜。回想当年的设计历程，我有两点感悟：一是如果没有博采众长，就不可能有全新的创造；二是只要我们明确了设计的方向，天天想，时刻琢磨，"灵感"必定会展现。当然，我们平时备课不可能节节都像参赛课一样想那么细，那么深，但我们可以尽量想周全一些，因为想与不想绝对是两个样子，想得深刻与否也绝对是两个样子。

五、丰富自己的人生

曾听我校的一位教研组长上公开课——一年级（苏教版）的《统计》，课前她通过集体备课和自己的精心准备，教学设计非常优秀，加上她本人教学素养良好，课上得非常成功。同样的设计，面对同一水平的学生，换另一位老师上，结果就大不相同。在听课的过程中我突然有了这样的感悟：优秀的教学设计就像伟大设计师设计的最经典、最时尚的服装，而能否穿出风采和神韵，关键是模特的条件和素养，教师就相当于模特。教师的人文精神、文化底蕴、内涵气质、教学素养等直接影响着课堂教学的质量和效果。课堂教学如此，备课又何尝不是呢？备课同课堂教学一样是科学也是艺术。中国自古就有"功夫在课外"之说，备课的功夫自然也不例外，因为要备好一节课，不仅仅是掌握了一些备课的技巧和注意事项就行，那仅仅是基础，它还需要备课人广博的知识、开阔的视野和敏锐的思维，一节好课的诞生往往具有鲜明的个性特征，它是备课人所有智慧和力量的综合体现。所以我经常给我的学弟学妹们讲：想成为一名优秀的教师吗？先做一个内涵丰富的人吧！

备好小学数学课先要做好三件事

安徽省中小学教师继续教育中心　汪文华

只有精心预设，才有精彩的生成。精心预设，首先应该做好三件事：深入研究教材的预设，全面分析学习的起点，准确定位教学目标。

一、深入研究教材的预设

深入研究教材的预设，主要指教师要领会教材编写的意图。编写者按一定的方式（形式、内容）呈现给学生的学习材料，是对学习的一种预设。张梅玲老师指出，教材的结构，对学生来说，就是学习的知识结构；教材的知识结构会直接影响到每个学生的认知结构，而学生的认知结构又影响到问题的解决及问题解决中策略的使用；教师的教学设计也可以被看作是一种外在的知识结构。可见，教师对教学进行预设，首先要通过与教材和编写者的对话，将教材的预设（知识结构）外在化、具体化。因此，教师要尊重教材、钻研教材。但是，现实的状态却不容乐观，有的教师或者抄写教案、教参内容（不钻研教材），或者"改造性"地改变教材（不尊重教材）。

【案例1】二年级第一学期《分一分与除法》

师：4个桔子装一袋，12个桔子能够装几袋？（学生动手分）运用减法算式怎么表示？

生：12-4-4-4=0

师：表示12里面有几个4？

生：12里面有3个4。

师：3个桔子装一袋，12个桔子能够装几袋？运用减法算式怎么表示？

生：12-3-3-3-3=0，表示 12 里面有 4 个 3。

师：2 个桔子装一袋，12 个桔子能够装几袋？运用减法算式怎么表示？

生：12-2-2-2-2-2-2=0，表示 12 里面有 6 个 2。

师：这么写很麻烦，有没有简便的列式方法？

这样对教材进行了改造，反映了这位教师没有领会教材的编写意图：对"平均分"——除法理解的核心问题，安排大量的"分一分"的活动，使学生经历对实物"平均分"的过程，抽象出符号"÷"，建立除法的概念。但是，上述的改造，不仅没有使学生经历"平均分"这个核心概念的建立过程，而且会导致学生将除法的意义理解为"相同减数连减的简便运算"，而不是"已知两个因数的积和其中一个因数，求另一个因数的运算"。其后果是，学生建立了一种错误的知识结构。

【案例 2】认识毫米

1. 找一找。

师：同学们真厉害，还知道毫米，当不够 1 厘米时，为了测量得更精确，我们要用到比厘米还要小的长度单位：毫米（板书）。

师：老师知道 1 厘米有这么长（用手比画 1 厘米的长度）。1 毫米哪里去了？1 毫米可调皮了，和老师玩捉迷藏，1 毫米比 1 厘米小，老师是近视眼，找不到了，怎么办呢？

师：你们能在尺子上把 1 毫米找出来吗？

（学生找出来后，请学生站在讲台上告诉其他的同学。）

师：为了让大家看得清楚点，我把尺子放大了（课件显示尺子放大的过程）。像这样的一小格就是 1 毫米，看清楚了吗？

2. 数一数。

师：尺子上一个大格是 1 厘米，一个小格就是 1 毫米，那厘米和毫米之间有什么关系呢？谁知道？（板书：10 毫米 =1 厘米）

师：下面请全部学生齐读一次。

师：厘米用什么字母表示？那毫米呢？所以我们可以说10mm=1cm。

师：谢谢同学们帮老师找回毫米，老师在这里也希望你们能好好保护自己的眼睛，这样就能将微小的物体看得更加清楚了，好吗？

3. 估一估。

师：这是我们常用的尺子，谁来估计一下它的厚度是多少？

师：实际量一量，看看估计得对不对？对吗？对了，尺子的厚度就是1毫米。

师：用拇指和食指捏住尺子，将尺子慢慢地抽出，拇指和食指之间的缝隙的宽度大约是1毫米，再做一次，体验一下。

4. 说一说。

师：除了尺子的厚度是1毫米外，你还能说出厚度大约是1毫米的物体吗？

5. 量一量。

（1）估计数学书有多厚？实际测量。（指导学生用毫米做单位的测量方法）

（2）请打开书第42页，铅笔是多长？请把它的长度写在旁边，然后完成填空。

学生对于毫米是没有经验的，必须通过充分感知建立表象。教师安排了找一找、数一数、估一估、说一说、量一量活动，通过学生的触觉、视觉等多种感官和想象、联想等，逐步丰富学生的表象。如果没有对教材的尊重和钻研，是预设不到多种活动形式，并联系学生生活实际的。

二、全面分析学习的起点

全面分析学习的起点，就是对学习需求做重点研究。学习需求分析，重点是分析学习者的起点能力，即学生对新知学习已经具备的有关知识、技能的基础及知识结构状态（能力水平），同时还要进行学习态度的分析。张梅玲老师指出，教师不仅在备教材时要关注新知识和原有知识的关系，更要关注学生，即要备学生原有的知识水平、原有经验及学习中可能碰到的困难，以及学生的情感状态（对新知的需要度）。但是，不少教师在预设时，多盯住知识的某一点、某个方面，较少关注学生的知识结构状态和学习困难。

【案例3】

师：圆锥的体积怎样计算呢？让我们来共同研究。体积受哪些条件的影响？（教师继续向平台上倒大米，原来的米堆在升高、底面在变大。）

生：圆锥的高增加了；圆锥的底面积增大了；圆锥的体积受圆锥的高和底面积影响；高增加，体积增大；底面积增大，体积增大……

师：大家发现了圆锥的体积与它的底面积和高有关。那么，怎样计算它的体积呢？大家相互讨论讨论。

师：在以前的学习中，我们是怎样求一个新图形、新形体的体积的？比如，计算三角形、圆形的面积，圆柱的体积。

生：将三角形转化为长方形；将圆形转化为长方形；将圆柱体转化为长方体；将新图形转化为已经学过的图形……

师：我们已经学过哪些形体的体积计算？那么，怎样求圆锥的体积呢？

生：长方体、正方体、圆柱体……将圆锥体转化为圆柱体。

教师利用学生的学习反思，引导学生观察米堆的变化，知道圆锥的体积与它的底面积和高有关；通过让学生回顾新形体面积、体积计算方法的推导，引导学生发现可以用转化的方法求圆锥的体积。这样的预设，关注学生知识结构状态，将新知的学习和旧知建立联系，巩固了旧知，学习了新知，并渗透着数学思想方法和迁移策略。

【案例4】

（教师组织学生观察"倒水实验"——用圆锥容器向等底等高的圆柱容器倒水3次，引导学生探究出圆锥体积等于圆柱体积的三分之一。）

师：下面我们再做一个实验，我用这个圆锥容器（换了一个）重新向这个圆柱容器（原来的）里倒水……大家发现了什么？

生：圆柱容器里的水没有倒满。

师：第一次实验水倒满了，怎么这次没有倒满？

生：您换了一个圆锥容器，可能它们不等底等高……

师：我们来比较一下是否等底等高。（一学生上讲台教师比较，学生观察）是的，两个容器不等底等高，这说明了什么？

生：圆锥和圆柱要在等底等高时，圆锥体积才是圆柱体积的三分之一。

教师充分考虑了学生的学习困难，突出难点知识，组织学生观察第二次实验，利用学习批判，突出了"等底等高"，有利于纠正一些学生的错误认识——圆锥体积等于圆柱体积的三分之一，形成正确的数学概念，也培养了学生的科学思维方法。

三、准确定位教学目标

准确定位教学目标，也就是预设学生学习后的状态。教学目标对教学活动具有导向、指引、调控与测量等功能。在某种意义上，教学目标既是教学的出发点也是归宿，支配着教学全过程并规定教与学的方向。张梅玲认为，确定的教学目标应该是教师教学的灵魂，也是判断教师教学是否有效的直接依据。教师应该合理地确定教学目标，这是关系到一堂课成功与失败的重要因素。她建议，教师既要给学生生成的时间和空间，更应善于把握教学效益的底线（预设目标），善于从每个学生的基础性生成资源中选择可供课堂中互动的资源，促使课堂的生成性资源更好地为预设目标服务。但是，不少教师在教学时，为了"生成"占用过多的教学时间，占用学生课上的练习时间，使得预设目标难以达成，经常出现完不成当堂课教学任务就草草下课的情形。如果连预设目标——教学效益的底线都不能达成，这样的教学即使有一点"生成"，那也是低效的。

【案例5】

师：我手中的圆柱体容器里装满了大米。你们怎样知道大米的体积？

生：圆柱的底面积乘高。

师：（将大米倒在平台上）现在大米是什么形状？

生：近似圆锥。

师：你们想知道些什么？

生：我想知道底面的半径和高、体积、底面积、表面积、底面周长、侧面积……

师：在大家想知道的内容中，哪些知识我们还没有学过？

生：圆锥的体积、表面积……

师：圆锥的底面积和高，上节课大家已经学过；圆锥的表面积在小学不学习；下面我们共同研究圆锥的体积怎样计算，大家同意吗？

课始，教师用大米倒在平台上呈圆锥状，将学习内容指向于圆锥的研究。通过"你们想知道些什么？"这一问题，激发学生的经验迁移和学习期待：圆柱体的学习经验→圆锥体的学习期待。教师没有马上进行圆锥体积的教学，而是用"哪些知识我们还没有学过？"引导学生对他们想学习的内容进行梳理，指明学习方向，确定学习目标。

在课时教学目标的确定上，有一种现象值得我们关注，许多教师将"三维"分项列出，或列出"情感态度与价值观"目标。对此，张梅玲老师指出，对于课时教学目标，既要考虑"知识与技能""过程与方法""情感态度与价值观"的关系，更要确定目标的重点，因为课时教学目标是课程标准的下位目标，无须一定要按三个维度来陈述。况且，"过程与方法"不是一定需要表述出来的（在本质上"过程与方法"不是学习目标），"情感态度与价值观"目标不是一节课能够达到的，我们可以将此包含在"知识与技能"目标表述之中。

【案例6】

知识与技能：

（1）掌握用7、8、9的乘法口诀求商的一般方法，能正确运用7、8、9的乘法口诀求商。

（2）使学生能够运用所学的知识解决生活中一些简单的实际问题。

（3）培养学生迁移类推能力、逻辑思维能力和语言表达能力，培养学生合作学习的意识。

过程与方法：

经历用7、8、9的乘法口诀求商的计算方法的形成过程，体验迁移类推、归纳概括的思想和方法。

情感态度与价值观：

通过创设生活化的情境，使学生感受到数学与生活的密切联系，培养学生探究知识的兴趣。

"通过创设生活化的情境，使学生感受到数学与生活的密切联系，培养学生探究知识的兴趣"，这个目标的陈述，几乎就是一个教学策略，可以用于许多节课的教学。因此，它只能是一个上位目标，而不能是某节课的目标。同时，存在同样问题的还有"培养学生迁移类推能力、逻辑思维能力和语言表达能力，培养学生合作学习的意识"等。

另外，这个目标的定位还存在以下主要问题：（1）将"三维"理解为"三个方面"。（2）目标没有指明学生的预期学习结果。（3）学生行为的表现程度没有具体化。

2

创新备课

　　老师们在同一节课的备课过程中，或多或少都有过这样的体会：第一次备课，通常是教师拿到教材后，凭着自己的认知水平，凭着对课程标准和教材的理解、分析和挖掘进行备课。第二次备课，则是在查阅参考资料、教学参考书后，对自己的备课进行反思，进一步加深对教材的理解，真正读懂编者对教材的编排意图，把握本学科的知识体系，掌握教学要求、重点、难点。在反思的基础上，再完善备课。第三次备课，则是教师通过课堂上教学的实践认识和亲身体验，总结上课中的成败得失，再反思总结，实现跳出教材教教材，进行创造性备课，从而达到一种新的境界。

　　在不断创新的基础上备精品课、设计精品教案，是教师在对教材、对课标、对自己、对学生进行分析的基础上再深思、反思的创造性劳动，这对一个教师的教学水平的提高和专业成长，将起到重大的促进作用。

从一节课的前世今生话备课

——反思《万以内数的读法》跨越十年的两次教学设计

江苏省苏州工业园区第二实验小学　徐　斌（特级教师）

我们经常见到这样一些数学课：有的教师讲得井井有条，知识分析透彻，算理演绎清晰，学生听得轻轻松松，似乎明明白白，但稍遇变式和实际问题便往往束手无策；有的教师设计了许多细碎的问题，师生之间一问一答，频率很高，表面上看十分流畅，但结果检测学生知识的掌握和能力的形成却并不理想；有的教师注重精讲知识，留出大量的时间练习各式各样的习题，虽然学生解题能力尚可，但却抑制了学生的创新思维和创造潜能；有的教师让少数优等生在课堂上唱主角，操作、演示、活动、汇报……表面上看课堂气氛热热闹闹，实际上多数学生作陪客旁观，个别学困生更如雾里看花，不知其所以然。这样的课，在平时的听课活动和观摩教学中并不少见。而课堂上之所以出现这样一些现象，与教者备课不扎实有直接原因。

曾有人错误地认为，既然课堂是生成的，课程改革后应该简化备课，甚至不要备课。殊不知，没有备课时的全面考虑与周密设计，哪有课堂上的有效引导与动态生成？没有上课前的胸有成竹，哪有课堂中的游刃有余？在生成性的课堂上需要教师善于激发学生的学习需求，放手让学生自主探索，需要教师展示学生真实的学习过程，特别是善待学生学习过程中出现的错误和不足，运用自身的智慧耐心引导学生，使之在获取知识、形成能力的同时获得健康的人格。

十年前，我曾执教过一节二年级《万以内数的读法》，在教学比赛中获得了一等奖，当时颇为得意；十年后，我又一次上了同样内容的这节课。我把十年前的教学实录找出来，与这次的教学实录进行了对比，发现其中有许多值得深入思考的问题。现摘取其中三个片段作对比分析：

教学片段一：学习数位顺序表

一、十年前

师：10个一是多少？10个十是多少？10个一百、一千呢？（板书：万 千 百 十 个）

师：个、十、百、千、万是计数的单位，相邻的计数单位之间是十进关系。

师：计数单位所占的位置叫作"数位"。从右边起，第一位是个位，第二位是什么位？第三、第四、第五位呢？

（板书：万 千 百 十 个
　　　　位 位 位 位 位）

师：把这些数位按顺序排成一张表，就成了"数位顺序表"。（板书略）

生：（齐读一遍数位顺序表）

师：从右边起，第一位是什么位？第三、第五位呢？

师：从右边起，千位是第几位？千位左边一位是什么位？右边一位呢？

师：像4357是一个四位数，最高位是什么位？三位数的最高位是什么位？

师：我们来做个"数位排队"的游戏。（指名五个同学上台，从老师手中各抽取一张数位卡片，再按数位顺序站成一队。）

二、十年后

师：10个一是多少？10个十是多少？10个一百、一千呢？（板书：万 千 百 十 个）

生：（在各自课前准备好的空白卡片纸上分别写上"个""十""百""千""万"字）

师：我们已经学过哪几个数位？

生：个位、十位和百位。

师：你们还知道哪些数位？

生：我还知道有千位、万位。

生：我知道还有亿位。

生：我还知道十万位、百万位、千万位。

师：同学们知道得真多！你能把刚才做的计数位卡片改做成数位卡片吗？

生：（分别在卡片上已写好的计数单位下面写上"位"字）

师：你能把自己做的五张数位卡片按顺序排列起来吗？排好后与同座互相说一说。

生：（各自按顺序排列数位，同座、前后交流。）

师：（在同学汇报的基础上板书成数位顺序表）

师：我们来做个"数位排队"的游戏。请每人选一张自己喜欢的数位卡片，拿到前面来，站成数位顺序表。

生：（自由选择卡片，灵活站位。）

对比与反思：

让学生"做数学"。数学课程标准"前言"的第一句就指出："数学是人们对客观世界定性把握和定量刻画、逐步抽象概括、形成方法和理论，并进行广泛应用的过程。"数学的过程性决定了学生学习数学应该是一个"做数学"的过程。数位顺序表是学生正确读数、写数和今后进行计算的重要基础。十年前的教学过程中，数位顺序表是在老师细致的指导下，以一问一答式的小步子前进逐步形成的，并通过齐读和问答的方法进行记忆。十年后的教学过程中，数位顺序表是学生在教师的引导下，自己把它"做"出来的。先在空白卡片上分别写上"个""十""百""千""万"等计数单位，再分别写上"位"，做成数位卡片，然后按照数位顺序自主排列数位，并让同座或前后同学交流排列情况，不仅使每个同学都参与了数位顺序表的形成过程，而且及时反馈了学习状况。同样是做"数位排队"游戏，十年前的实施过程与十年后也大不一样。前者只是指名五位同学上台，把老师发的数位卡片按顺序排列起来；而后者是在每一位同学都用自己做的数位卡片自主排列后，再选择自己喜欢的一张数位卡片到前面站成数位顺序表。这里，由于是"自己喜欢"的一张数位卡片，可能有学生拿的是同一个数位，也可能一下子好多同学上台，这是对教师组织能力和应变艺术的挑战与检验。

教学片段二：学习读数方法

一、十年前

第一层次：读中间、末尾都没有0的数

师：（出示657）这是一个几位数？最高位是什么位？百位上是几？怎么读？十位上是几？怎么读？个位上是几？怎么读？

生：（齐读）

师：（板书：六百五十七）

师：（出示3812）这是个几位数？最高位是什么位？怎样读？（生读后板书：三千八百一十二）

师生小结：千位上是几就读几千，百位上是几就读几百，十位上是几就读几十，个位上是几就读几。（师贴上读数方法，生齐读。）

练一练：

读数：234，3257。

第二层次：读中间有0的数

师：（出示703和5006）这两个数中间都有哪个数字？最高位是什么位？怎么读？

生：（试读）

师：（板书：七百零三　五千零六）

师生小结：中间有一个0或两个0，只读一个0。

练一练：

读数：203，4005，3078，2506。

第三层次：读末尾有0的数

师：（出示400和8000）这两个数的0在什么位置？谁来试着读一读？

生：（试读）

师：（板书：四百　八千）

师生小结：末尾不管有几个0，都不读。

练一练：

读数：200，300，4500，3750。

第四层次：读中间、末尾都有0的数

师：（出示3040）这个数什么位置有0？中间的0怎样读？末尾的0读不读？谁能试着读一读？

师：（在学生试读后板书：三千零四十）

练一练：

读数：4050，6080。

（师生小结万以内数的读数方法，阅读课本，齐读结语。）

二、十年后

师：我们在一年级时学过读数。老师写一些数，看谁能把它们正确读出来。

（师在黑板上随机写下12、57、40、100）

生：（踊跃举手读数）

师：大家读得很好。在读这些数时，你是按怎样的方法来读的？

生：前面三个数先读十位上的数，100先读百位，后面不读。

生：我是从左边往右边读的。

生：我认为应从高位读起。

生：我发现，40和100这两个数的0都不读。

师：大家说得都很有道理。今天老师又带来了几个数。（出示写在卡片上的各数：567　8312　704　9005　600　7000）

师：大家先试着读一读这些数，有不会的可以商量商量。

生：（自主读数，小组讨论。）

师：请同学们仔细观察这些数，你们能根据这些数目的特点给它们分分类吗？

生：我是这样分的（边说边到黑板上把数分成两堆：567，704，600；8312，9005，7000）。左边三个是三位数，右边三个是四位数。

生：还可以这样分（边说边上前把黑板上的数重新分成两堆：567，8312；704，9005，600，7000）。左边两个数的各位都没有0，右边的有0。

生：我把它们分成了三类（上前将黑板上的数分成三堆：567，8312；600，7000；704，9005）。

师：大家能从不同的角度进行分类，非常好。那么，你觉得哪一类数容易读一些？哪一类数比较难读？

生：我觉得 600 和 7000 这两个数最好读，只要看 6 在百位上就读"六百"，7 在千位上就读"七千"。

生：我觉得最难读的是 567 和 8312，像 8312 要读成"八千三百一十二"，要读很长时间。

（同学们都笑了起来，老师也笑了。）

对比与反思：

1. 确立合适的教学起点。奥苏伯尔有句名言："如果我不得不将教育心理学还原为一条原理的话，我将会说，影响学习的最重要的因素是学生已经知道了什么，我们应当根据学生原有的知识状况进行教学。"对一个二年级的学生来说，"万以内的数"的知识绝不是一张白纸。上面"学习读数方法"的教学片段中，十年前的教学，根据万以内数的四种情况，分四步展开教学，层次清楚，讲练结合，逐步小结，逻辑性强，有利于学生按照数的具体特点进行读数。这样的教学看上去条理清晰，结构性强，但是，教学的出发点依据的是教材、教参、教案，忽视了作为学习主体的学生的已有知识经验和基础。十年后的教学，教师从百以内数的读法入手，充分利用学生的已有旧知和生活基础，重组学习材料，把例题中具有各种特点的数一次列出，放手让学生观察、比较、分类，让学生试读、讨论、交流，互相分享学习体会。这里特别有趣的是，在教材里和我们老师的想象中，最难读的数应该是中间或末尾有 0 的数，但学生不这么认为，他们反而认为数字中没有 0 的最不容易读，因为"要读很长时间"。由此可见，确立合适的教学起点，应从学生的实际出发，充分了解学生的基础知识和生活背景。如果某些内容学生已经有了很好的基础，在教学中就可以把进度加快一些，而对学生比较陌生的内容，就要适当减缓进度。

2. 在交流中学习。教学的本质是一种沟通与合作，是教师与学生围绕着教材进行对话的过程。"合作交流"是课程标准中倡导的重要学习方式。数学学习过程充满着观察、实验、类比、模拟、猜测、推断、反思等富有探索性与挑战性的活动，学生对万以内数的读法的掌握也不会一帆风顺的。尽管如此，我们也不一定非要面面俱到，统一步伐。十年前的教学，是老师出示一组又一组不同类型的数，学生读数、小结、再读数，教师很少关注学生的读数体验，学生很难有深入的交流与合作，这就使学生对所读的数产生了隔膜，对学习有一种依赖感和冷漠感。十年后的教学过程中，无论是回忆百以内数的读法，还是对万以内数进行分类，都是以学生的交流为主要学习方式，交流读数的体会，交流分类的结果和依据，分享学习的成功体验，逐步构建起"学习共同体"。同时，学生从不同的角度对这些数进行了分类和交流，锻炼了学生独立思考的能力，培养了学生的数感，渗透了归纳和类比等数学学科理念。

教学片段三：读数练习

一、十年前

▲站数游戏

师出示四张数字卡片（分别写着6、6、0、0），指名四位同学上台，发给每人一张数字卡片。师提出：请按要求站成一个四位数，看谁站得又对又快！

要求分别是：

（1）末尾有两个0的数；

（2）中间有两个0的数；

（3）中间和末尾各有一个0的数。

每站好一个数，下面的同学共同评判，并齐读这个数。（游戏结束时评选站得又对又快的同学）

▲传花游戏

请一位同学上台做小助手，带上头饰吹口哨。

口哨一响就开始传花，再一响，停止传花，花在谁手中，谁就上台到题盒里摸一道题。答对的就能得到一面小红旗；如果一下子想不出来，也可以请好朋友帮忙。

题盒中有：

（1）从右边起，第三位是什么位？第五位呢？

（2）读数：758，5009。

（3）读数时，中间有一个0或两个0，怎样读？

（4）读数：3274，207。

（5）读数时，末尾不管有几个0，读不读？

（6）读数：4080，5200。

二、十年后

（师出示分别写着8、8、0、0的四张卡片，让同学们推荐四人到台前，每人选一张自己喜欢的卡片并举起来。）

师：请台下的同学想一个三位数或四位数，让台上的同学按要求站数。比一比谁最灵活！

生：我请你们站成一个三位数，只读一个0。

（台上四名同学商量了一下，派出其中三名同学站成了808。）

生：请站一个三位数，一个0也不读。

（台上三名同学先站成了880，再换一名同学站成了800。）

生：请站一个四位数，一个0也不读。

（台上四名同学很快站成了8800）

生A：我想请你们站一个四位数，读作"八千零多少"。

（台上学生一时犹豫不决，片刻，两个分别举8和0的同学站在了左边，剩下两个同学又思考了一会儿，站成了8008。台下学生都为他们松了口气。）

生A：（故作神秘地）只对了一半！

（台上同学先是一愣，既而受到启发，很快调整，又站成了8080。）

对比与反思：

培养学生的应用意识和推理能力。课程标准指出："课程内容的学习，强调学生的数学活动，发展学生的数感、符号感、空间观念、统计观念，以及应用意识与推理能力。"上面教学片段中，教师设计了读数的活动化的练习形式，让学生在具体情境中应用刚掌握的读数方法进行读数和站数游戏。十年前的教学过程中，先做"站数游戏"，再做"传花游戏"。从表面上看，学生气氛活跃，动静结合，场面热闹，高潮迭起，但深入反思却觉得仍然停留在表面，大部分学生缺乏深层次的参与。十年后的读数练习，虽然只做了一个"站数游戏"，但学生从这个游戏练习中有效地培养了应用意识和推理能力。在站数时，教师没有限制学生一定要站四位数，也没有指定好先怎么站，再怎么站，而是放手让学生自主开展站数活动。有的学生想出了三位数，有的想出了四位数；有的数要读0，有的数不读0；有的按要求只能站出一个数，有的答案不止一个……学生能主动尝试着应用本堂课掌握的读数知识和方法以及初步建立起来的数感探索解决问题的策略，并能够通过观察、试验、讨论、合作等途径，获得问题的解决。

弹性设计，智慧引领

——从《除数是小数的除法》的三套教学设计谈起

河北省秦皇岛市海港区新一路小学　唐爱华（特级教师）

学生的数学学习是基于现有基础的一种自主建构，在这个过程中，调集学生已有经验，并促成其与学习内容发生相互作用进而建立实质性的联系尤为重要。因此，在备课中，每个教师都十分注重对学生原有情况的分析，并结合对教材文本的分析加工，开发设计出教学预设方案。然而，我们这样精心设计的教学方案往往在课程实施中屡屡受挫，于是乎，有的教师无视学生实际，照样执行教案，减弱了学生的学习热情，也制约了学生的发展；而有的教师则一看学情有变，马上放弃教案，跟着学生的思路跑，脚踩西瓜皮，溜到哪里算哪里，结果自然可想而知。两种做法显然都是不可取的。其实，在备课中，我们对学生原有知识经验的分析带有一定的主观性，虽然我们可以通过课堂教学、作业了解学生，但我们的预测与学生的真实水平特别是所有学生的实际状况之间注定是有差异的，如何真正尊重学生已有的知识经验，准确把握学生的认知起点，提高课堂效率呢？我的办法是——弹性设计，智慧引领。下面从《除数是小数的除法》的教学谈起：

> 师：昨天我们学习了除数是整数的除法，如 $3.25 \div 5$ 之类，今天我们要研究 $0.065 \div 0.05$ 这样的除法。这道题与昨天学的题有什么不同？
>
> 生：除数也是小数了。
>
> 师：那么除数是小数的除法，你们觉得应该怎样算？
>
> 生：把它们变成整数。
>
> 生：根据商不变的性质。
>
> 师：参考同学的意见后想一想，觉得自己已经能够计算的请举手。

（实际情况为：全班 46 名学生，只有六名同学不能独立探究。）

师：觉得自己能够算的可以开始独立计算，觉得还不能计算的，再和老师一起从简单的问题出发进行研究。

（于是，我放手让能够独立探究的同学自主探究 0.065÷0.05 的算法并验算，把不会计算的六名同学请到讲台上和我一起研究，以下是我和这六名同学一起研究的过程。）

（师用电脑出示：豆奶 5 角一袋，1 元 5 角可以买几袋？）

师：可以买几袋？

生：（异口同声）3 袋。

师：能把算式列出来吗？试着说说怎么想的。

生：15÷5=3（袋），1 元 5 角就是 15 角，豆奶 5 角一袋，15 角可以买 15÷5=3（袋）。

师：对！还有不同的算法吗？

生：5 角是 0.5 元，1 元 5 角是 1.5 元，1 元 5 角里有 3 个 5 角，还可以用 1.5÷0.5=3（袋）。

师：两个算式得数都是 3，就可以用等号把它们连起来，写成：1.5÷0.5=15÷5。想一想，你们还能不能用其他理由说明它们是相等的？

生：1.5 元就是 15 角，0.5 元就是 5 角。

生：被除数和除数同时扩大 10 倍，商不变，所以 1.5÷0.5=15÷5。

生：（齐）商不变的性质。

师：好，还有谁也会了，可以回去试着算算。（两名学生回到自己的座位上，师继续启发剩下的四名学生。）

师：把等式从左往右看，左边是今天要学的算式，右边是我们已经学过的算式，实际上我们只要把没学过的转化成已学过的算式就能算了，根据什么转变呢？

生：商不变的性质。

师：对，现在你们能算了吗？

生：（齐）能算了！

这节课上得很成功，学生们兴趣盎然，思维活跃。反思这节课成功的原因，我觉得关键在于以下两个方面：

1.弹性设计，准确把握教学起点。

在备课中，我估计了学生的水平，肯定有学生能够运用已有知识解决新的问题，也注定会有一部分学生不能够恰当进行方法转化和知识迁移解决新问题，于是，我进行了弹性设计，共设计了三套方案。

第一套方案：如果大多数学生能够独立计算，就让能够算的同学独立尝试计算，将个别不会算的学生请到讲台上，借助电脑课件，让他们在我的启发引导下完成探究。

第二套方案：如果能算与不能算的学生各占一半，那么，我会给会算的学生自主选择的空间，让他们可以自己尝试计算，也可以和同学一起研究。然后，我利用大屏幕播放课件，和大家从豆奶这样的实际问题入手一起研究解决问题。

第三套方案：不能够算的学生占大多数，这就说明学生对本课新知的重要生长点——商不变的性质出现了遗忘，对转化的方法还不能够自如应用。那么，我将出示填空题，复习商不变的性质和转化的思想方法，为新知学习做好知识和方法上的铺垫，而后再从豆奶问题着手研究。

因为有备而来，所以当课堂上出现只有六人不能独立探究时，我采取了第一套方案，轻松应对，让觉得能够独立探究的学生独立探究，体现了学生的主体地位，开发了他们的潜能；让那些不能独立探究的学生和老师共同研究，既保护了学生的自尊心和自信心，又能让他们在不断的探索中看到自己的潜能，并在老师的指导帮助下体验成功的喜悦。

2.智慧引领，促进学生有效发展。

在鼓励多样化、个性化学习的今天，很多课堂中教师的价值引领缺失，导致了课堂教学表面热闹而实质上低效或者无效。教学应该是学生自主建构和教师引导相统一的过程。引导，是促进学生有效发展的保证，是教师不可丢弃的权杖。而要做到引导到位，备课中必须先有所预设。本课备课中，我针对学生的差异预设了两次引导。

第一次引导是面向全体学生的，在学生探究前老师问"除数是小数的除法，你们觉得应该怎样算"，借此展开探究策略的思考与交流。如果不给任何指导就去让学生探究，容易使大部分学生不能明确探究方向和策略，影响探究兴趣和效果，而探究前的设问，可以明确探究方向，减少盲目性，在综合自己的想法和同学的意见后，思维也具有一定的广度和深度。第二次引导则是面对不能独立探究的学生的。这次引导从简单的实际问题入手，通过单位换算解决问题，继而让学生联想商不变的性质。实际教学时这次引导只针对六名探究有困难的学生。可以想象，如果没有这次引导，直接让他们独立探究，只能使他们饱尝失败的痛楚，对他们的发展不利；而正是教师循序渐进的引导，降低了坡度，给他们留有思考的空间，让他们也尝到成功的乐趣，获得更大的发展。

在实践中我体会到，精彩的课堂源自教师先进的教育理念、灵活的教育机智，更源自教师充分而开放的预设。古人云"预则立，不预则废"，正是这个道理。这就要求我们教师在备课时用学生的眼光审视教学内容，思考学生的思维轨迹应该是怎样的。充分预想学生学习过程可能出现的种种情况，进行多种方案的预设，并且在课堂实施中，时刻关注学生呈现的实际学习状况，准确判断，选择合适的教学方案，给予学生有的放矢的引领与帮助，从而有效促进学生知识的获得和能力的提升。

让课堂真正满足学生的心理需求

——有感于三教《2 的乘法口诀》

北京市怀柔区第三小学　彭淑英

一教口诀——牵着手

刚调入北京市怀柔区第三小学时，学校领导来听新调入教师的课，我讲的是《2 的乘法口诀》。虽然过去四年了，但这节课的教学环节我仍记忆犹新。第一个环节，我用声情并茂的语言引导学生看图说图意：游乐场是我们每个小朋友都向往的地方，咱们一起快去看看高架车上的人们玩得多开心，这也有着大量的数学信息，快看看旁边小同学的介绍（找生看图读已知条件：一辆车坐 2 人）。教师追问一辆车上有几人，怎么列式，1 乘 2 等于 2 中的 1、2 各表示什么，接着教师归纳：1 乘 2 等于 2，2 乘 1 等于 2 可以用一句口诀"一二得二"来表示。教师继续追问，"一二得二"这句口诀表示什么。接下来按照以上步骤学习了 2、3、4 的乘法口诀。第二个环节以小组为单位学习 5、6 的乘法口诀。第三个环节由学生独立编 7、8、9 的乘法口诀。课堂上我满怀激情地引导学生通过看图说图意、推导出口诀的思路进行教学。然而我与学生们的合作并不默契，他们只顾说自己知道的 2 的九句口诀，出现了"你讲你的，我说我的"，很难调控的场面，讲到学生会背口诀就到下课时间了。一节课下来我感觉很不轻松，虽然听课领导对这节课给予了很高的评价，但没上出自己预期的效果，遗憾留在了心中。

二教口诀——松点手

人生本是一场漂泊的漫旅，无论遇到谁都是一个美丽的意外，没想到在四年后，我又讲了《2 的乘法口诀》，这次是区级研究课。第二次上课前我反思自己四年前的教学——"你讲你的，我说我的"令我尴尬的场面仿佛就在眼前。反复琢磨，我终于明白四年前刚到三小，面对的是新接手的班级，对学生不熟悉，备课时没有考虑学生的原认知，只是认为 2 的乘法口诀应该那样讲，而学生到底需要什么，是我的教学设计中欠缺的内容。这次在上课前我作了个小调查，调查的结果让我有些吃惊，原来大部分学生会说 2 的口诀，但他们脑海里的口诀都是"空口诀"，他们根本不知道口诀的来源。看来是口诀顺口好读吸引了孩子，导致四年前孩子无心与我合作的场面。这一次我调整了教学设计。考虑到学生理解 1 乘 2 等于 2，2 乘 2 等于 4 算式的意义有难度，对顺利编口诀理解口诀的来源有困难，课的切入点从 2 乘 3 等于 6 开始。第一个环节也是出示主题图，让学生说图意，列算式，说算式的意义，看着算式说口诀，再追问口诀表示哪两个算式。"二三得六""二四得八"两句口诀由老师带着学，"二五一十""二六十二"由同桌合作学习，剩下的口诀由学生独立编，集体订正。第二个环节，找口诀的规律背口诀。第三个环节，利用口诀解决实际问题。课上得还算顺利，但课上得还是不轻松，孩子的学习热情不如平时。在课后的研讨中，我如实地说出了自己内心的感受：讲课时我冒汗了，说明我的设计和学生的原认知还是有冲突。这次课后区教研员许老师一针见血的评课，同伴中肯的建议给了我很大的启发。

三教口诀——全放手

海明威说过："比别人优秀并无任何高贵之处，真正的高贵在于超越从前的自我。"有了同伴的帮助和区教研员的引领，我进一步提升了自己对教材的认识，对教学重难点的把握，三教口诀前我又多次反思了自己的前两次教学：总是按照预先设计的教学设计牵着学生一步步完成，问题的思维含量低；不是在了解学生已知已能的基础上，根据学生们的需要带领学生通过动手、动脑去探索、去思考理解口诀的意义并发现规律。带着这些问题，我又反复地修改了教学设计，这次上课开始我引入部分创设问题情境，让学生在认知冲突中感受到口诀的价值。首先介绍祖先早在 2000 年就编出口诀，让学生感受文明古国的辉煌历史，激发其学口诀的热情，进而体会数学的应用价值。这些中国古代的文化精髓就这样巧妙地"种"进了孩子们的心里。课中我以学生的原认知为基础，放手让学生看图编题列式，顺着学生的思路列出有关2的全部乘法算式，进而和学生一起看着算式结合主题图理解算式表示的意义，即1个2是2，2个2是4……在整体感知算式意义的基础上，引导学生看着算式结合算式意义编口诀，顺着学生的思路不断调整自己的教学，提供展示机会，促进了学生主动学习。顿时课堂热闹起来，学生争着编口诀，抢着说口诀的来源，教学的高潮不断，后续教学水到渠成，高潮一直延续到课尾。本节课上学生学得主动，教师教得轻松。

三教《2的乘法口诀》对我的启发很大，当我把课堂中的失误和失败转化成二度教学资源时，我对教学又有了新认识。当我意识到把教学过程看成是课程内容的持续生成与转化，课程意义的不断构建与提升的过程时，我深深地体会到教师要关注的不仅仅是读懂数学，读懂教材，抓住数学的本质进行教学，更要关注的是人，是人的已知已能，是人的情感、态度、能力和价值观的发展。在今后的教学中，我会更多地去思考我的教学设计如何使教学成为学生的需要，如何使学生获得更好的发展，使教学充满生命成长的气息。

一节课的三次设计与反思

江苏省南京市溧水区第三小学　纪正兵

我曾执教苏教版国标教材第八册《三角形的认识》一课。在备课、试上和评议再试上的过程中，自己就阅读教材、掌握学情、设计教学之间的联系颇有感触，下面以"画三角形的高"为例，谈谈自己的做法与反思。

一、三次设计

第一次：

按照教材的呈现顺序，我用直尺演示了画三角形水平底边上的高，再让学生在自己的练习卡上画与此方向相同的高。教学过程可谓顺顺当当，但是，当学生独立练习时，有这样的一道习题（图1）：

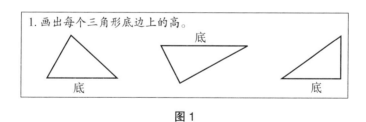

图1

在画第二个三角形的高时，学生却拿着三角尺无从下手，于是我在教室里满场"救火"。结果是满头大汗也无济于事，一节课就这样在无奈与无助中草草了事，下课的铃声使我和学生都获得了解放。

课后，我坐在办公室里开始了深深地追悔……

第二次：

在评议时，有教师提出应让学生认识到三角形有三条高。于是，我用吹塑纸做了一个三角形，让学生画出水平底边上的高以后，旋转这个三角形，再画出水平底边上的高，再次旋转画出水平底边上的高，于是得出三角形有三条高。

从我的叙述中，相信你已知道我教了什么，更清楚地知道我没有解决的是什么。是的，"救火"的尴尬场面还依然存在。每每想到学生拿着三角尺束手无策的慌乱场面，我都会汗流浃背……

第三次：

学生"画高"时的难点是什么？是学生不能正确摆放三角尺使它的一条直角边与指定的底边重合，让另一条直角边经过与之相对应的顶点。如何解决这个实际存在的问题呢？

在第三次教学中，我安排了这样几个教学步骤：第一步，量出例题中人字梁的高度是几厘米。结合测量的体验介绍三角形的高（图2）。第二步，教师示范画出一条水平底边上的高，突出了如

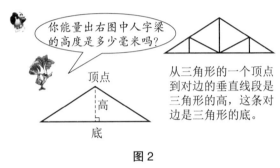

你能量出右图中人字梁的高度是多少毫米吗？

从三角形的一个顶点到对边的垂直线段是三角形的高，这条对边是三角形的底。

图2

何调整另一条直角边使其经过与底边相对应的顶点，再用课件完整演示怎样画水平底边上的高，学生在练习卡上也画一条相同方向上的高。第三步，让学生尝试画出一条斜边上的高。先请一人上黑板操作，在摆三角尺的过程中让所有的学生对其操作进行指导，体验将三角尺不断调整的方法，这位同学摆好位置以后，请其他学生模仿他在练习卡上摆好三角尺并画一条高。第四步，学生独立尝试画另一条斜边上的高，最后形成一个完整的图（图3）。

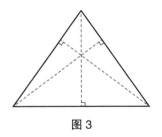

图3

二、备课反思

1. 对学习实情的知与不知。

上课前，从学生的角度去阅读教材，体验学生可能会出现什么情况，是

教师备课时首先要考虑的问题，也即以前常讲的"备学生"。由于前两次我对学生实际操作时的难度没有体验，因此，在走进教室之前就决定了教学的失败。

顾汝佐老师在一次活动中说："我听了好多课，发现一个有趣的问题，学生痒的地方没抓到，不痒的地方倒是抓到了，结果还是痒。"实践告诉我们，详实体验学生的学习实情，找到"痒"处所在，是教师走进教室之前必须解决的问题。

2. 对知识本质的知与不知。

反观自己的教学设计，曾一度为第二次的旋转沾沾自喜，却忘却了实实在在地让学生体验画高时如何摆弄三角尺。在实际的学习中，学生不会把一本书旋转再旋转来画三角形的一条高，不断旋转和平移的只可能是三角尺，这就是问题的本质所在。

进一步想，在观念上我是想有所突破，在教的过程中追求新颖性。其实，是没有在本质上把握教材要体现的教学思路：让学生会画不同位置上的高。它是这节课的重点与难点，是知识的本质所在。对于知识本质的把握是决定教师采用什么样的教学手段的前提，这需要教师深入地阅读教材，从整体上把握和贯通各知识点，并将它转化成自己切切实实的教学行为。

3. 对有效教学的知与不知。

从以上两点出发作进一步的分析可以得知，教师的教学必须从细节处入手，切实地了解学生的学习水平和教材的知识本质，也即教师先要以学生的心理去与教材对话。由此决定采用相应的教学设计（如第三次案例中的由扶到半扶半放到放的教学设计），体现教学的过程性。这样才能跳出浮躁走向朴实，落实有效教学的理念。叶圣陶曾说："对于一节课，我们看中的不是老师的精演，而是学生的表现。"再精彩的教学设计如果让学生茫然无策，教师要处处"救火"，这样的课不会是成功的课例。

对于我的讲述，大家还会想到其他的教学现象，笔者能力有限，只能对以上三点谈个人的感想。其实，青年教师正是从一次次的"无知"中感受痛苦，并由此走向成熟的。在"痛"中有所"悟"，智也。

同一首歌不一样的情怀

——从《两数相差多少》两次教学材料的运用谈预设和生成

浙江省台州市椒江区云健小学 严美娟

预设和生成是一个热门的话题，有的认为预设就是统得过死，就是亦步亦趋，牵着学生走，把学生引入狭窄的小胡同，有的热衷于课堂意外生成，津津乐道。这引起了我的一些思考：预设等同于传统的"以本为本"吗？我们要在教学中守株待兔般地等待意外的生成吗？在一次磨课中，我对预设与生成有了新的思考：如果没有充分的预设，没有新的教学理念支撑，没有良好的课堂驾驭能力，就无法有效地生成。下面以《两数相差多少》的教学为例，谈谈如何进行教学材料的预设，以达成有效的生成。

第一次教学情况：

课始，教师做了充分的铺垫，先让学生说一说谁比谁多，不改变这句话的意思还可以怎么说。学生采用 A 比 B 多，就是 B 比 A 少的形式说了一些。

然后让学生动手操作。实物投影展示一堆散乱的○和△，让学生猜谁多谁少。学生数了数后，马上说出○多。这时已离开了教师预设的轨道：目的是让学生说出三种答案，引起争议，然后回到轨道上，引出摆一摆才能知道，从而建立起对应的概念。出现了这种意外状况，怎么办呢？老师只好硬着头皮亲自出马。

    师：现在请小朋友拿 5 个△，7 个○，摆一摆，要求：让大家一眼看出谁多谁少。

生：不是知道○多了嘛，还要我们摆？

生：围成一圈。（又出轨了）

师：老师先这样摆△（将 5 个△摆成一横排），再怎样摆？

终于有聪明的孩子在老师摆的△下再摆上○。

展示：

△ △ △ △ △

○ ○ ○ ○ ○ ○ ○

师：○比△多几个？这里我们能不能用一个算式表示出来？

生：7-5=2

师：那7表示什么？5表示什么？2表示什么？

生：7表示7个○，5表示5个△，2表示多出来的。

师：这个5表示5个△吗？

这时学生都傻住了，教师用充满期待的目光等待学生能说出5表示跟△同样多的5个○，谁料学生就是不识相，不知道教师想要的答案是什么，时间在等待中悄悄地流逝，教师看没人响应，实在等不下去了，不得不开口说话：5表示跟△同样多的5个○。接下来的练习中学生都在晕头转向中度过。

课后，我们进行了反思：为什么整节课学生的思维无法展开，教师费力地牵着学生走，学生不能按教师的预设有效生成呢？分析原因，主要是对教学材料没充分预设，△和○的数量太少，学生一下子就能说出个数，不必去一一对应排列，材料失去了意义。可这堂课要建立一一对应思想，学生不能主动建构，怎么办呢？我们重新选择了材料，选择了大小不一的象棋子重上一次，取得了满意的效果。

第二次教学情况：

（课前准备了一些大象棋子和小象棋子）

师：老师这里有一些大的象棋子和小的象棋子，现在分别用两只手抓一把，猜一猜，哪种棋子多？

（抓大的象棋子时教师故意使劲抓，抓小的象棋子时轻轻一抓，给学生的感觉是大的象棋子多。）

生：大象棋子多。

生：老师把棋子放在罐子里，晃动一下，听一下声音，声音响的东西多。

生：把它摊在桌子上，占的地方大一些的多，小一些的少。

生：老师，把棋子叠起来，哪种棋子叠得高，哪种棋子多。

生：老师，不对，大棋子厚一点，它会占点儿便宜，这样比不公平。

生A：老师，把棋子排起来，排得长的棋子多。

师：哦，是吗？那老师现在把它排起来，好吗？

师：现在哪种棋子排得长呢？

生：大象棋子。

师：（紧接着说）大象棋子排得比小象棋子长，当然是大象棋子多。（师故意延长声音）

生A：不对，不对。老师应该一个对着一个摆。

师：那好，现在就请你来摆。

生A：（上台摆）

师：小朋友，现在谁多谁少呢？你是怎么看出来的？

生A：小象棋子多。

生：老师，我有补充，因为前面6个是一个对着一个，是一样多的，只要看没有对着的两个，就可以知道多了两个。

综观以上教学流程，两次课为什么会出现不同的效果呢？我们不难看出第一次选择的材料是封闭单一的，没有根据学生的知识水平和已有经验，从而导致教学流程是单线型的，尽管教师非常强调要学生一眼看出来，但斩断了学生的思维过程，学生内心所想无法外显出来，假认知现象不可避免地出现了。整节课平淡无奇，无法激起学生内心的激动，正如苏霍姆林斯基所说："当我们的教学没有激起学生内心的需要时，就急于把这种知识传授给学生，这样只能让人产生厌恶的情绪。"第二次教学让人听了觉得"别有一番滋味上心头"。其中的成功，我们不妨分析如下：

1. 预设材料符合起点才能实现动态生成。

第二次教学准确地把握了学生在学习相差数前，曾经有对两样东西进行比较的实际经验，利用学生所拥有的资源，进行探究，把学生的思维暴露出来，无论是对的，还是错的，都表现出了真实性，而不是采取回避的态度。第一次教学从知识到知识，把学生定位在零起点，让学生反复叙述 A 比 B 多，就是 B 比 A 少的意思——不是重点的"重点"。过多的要求使生成的结果是僵化的，学生在同一层次思维上重复。事实上，学生是学习的主体，是一个有生活经验和知识经验的、有生命动感的生命体，而不是一张白纸，不是一张任你描绘的白纸。教学的起点准确与否，直接关系着学生探索活动的热情。而活动又有赖于材料，良好的教学材料是实现教学目标的载体。第二次教学时为了突破教学难点——建立一一对应的概念，教师利用学生学过比高矮、比长短的知识基础和生活经验，别具匠心地选择了大象棋子与小象棋子这一随手拈来的材料，似乎一切都在不经意中，但又是那么的贴切。

2. 预设材料开放才能促进动态生成。

每一位学生的智能水平、类型不同，生活背景、学习方式也不同，从而导致在解决问题的过程中，表现出不同的思考方式，不同的解决问题的策略。选择材料开放，可以为学生提供多维的思考空间。如果采用围棋子就不能"随心所欲"，无法采用叠起来比高矮的方法，这样就断了学生思维的一条线。而象棋子则不同，可以叠起来，而且因为棋子的大小不同，厚度也会不同，叠起来比较的方法存在一定的不合理性。学生似乎到了山穷水尽的地步，但明白了由于厚度不一样，叠起来不是一个对一个。这样又迫使学生再一次去探寻，用排一排的方法。由于象棋子的大小不同，大棋子的数量比小棋子少得不多的情况下，紧挨着排，还是大棋子排得长一些；在抓棋子时，教师在个数上也巧妙地作了安排，让小棋子个数略多。而大部分学生的思维都会处在"东西排得越长，就会越多"的层次上，教师正是掌握了学生这一特点，当有学生提出排的方法时，欲擒故纵，来个顺水推舟。排出来的结果、视觉的直觉又让学生感到有些不对劲，这样又一次引起认知上的困惑：明明是大棋子排得长，可颗数似乎还是小棋子多，进而引发学生对自己思考的怀疑，起到了推波助澜的作用，最后学生终于悟到错误的原因是没有一一对应排。一切都在教师的掌控之中，一步一步生成，达到了预设的效果，这不是一种要求，而是一种交流。

3. 预设材料调动多种感官有利于动态生成。

数学教学要求创设有助于学生自主学习、合作交流、主动探究的学习情境，再加上低年级小朋友活泼好动，以形象思维为主，因而选择教学材料时，尽量要能调动多种感官，这样才能促进学生参与观察、操作、猜测、交流、反思等活动。第二节课中，教师提供了师生互动、生生互动的平台，让学生通过摆一摆、比一比、说一说、想一想，在实践中去体验、感悟，每一个人都有话可说，有内容可探究，这样不同层次的学生能获得不同的发展；既增长了知识，又掌握了技能，进一步激发了学生的学习兴趣，开发了学生的潜能。

教学过程的生成性对教学预设提出了更高的要求，我们只有认真分析教材，了解学情，有效地开发教学资源，充分预设，创造性地进行教学，才有可能应对突如其来的变化，才能在预设中即时生成。

挖掘素材，追求无痕

——由一道练习的两种教法引发的思考

江苏翔宇教育集团宝应县实验小学　苗培林

为了上好县数学课改教学观摩课《9加几》，我先后精心研备了几次，试上了两次。其中一道练习题的两种教法、两种效果，令我深有所得。

第一次：

出示题目：

9+1+2　　　9+1+5　　　9+1+7

9+3　　　　9+6　　　　9+8

1. 让学生独立在书上做。

2. 集体订正。

3. 提问：比较上下两题，你发现了什么？

在整个教学过程中，教师虽然放手让学生去做，给予学生充分的自主权，但没考虑到一年级儿童的心理特征。他们面对这干巴巴的纯数字、无任何情境的题目会有怎样的心情？他们乐意做吗？这堂课气氛冷冷清清，有的学生打量起听课的教师，很显然，他们对学习的内容不感兴趣。

第二次：

师：小朋友，喜欢做游戏吗？今天我们一起来玩"变卡游戏"。

（出示卡片）

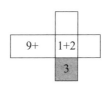

师：9+1+2 谁会？

生：9+1+2=12

师：（抽动卡片）

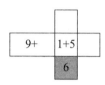

师：现在谁会？

生：9+3=12

师：（出示卡片）

师：9+1+5 谁会？

生：9+1+5=15

师：猜一猜，下面会变出9加几？

生：9+6。

生：是6。

师：怎么想的？

生：因为上面是9+1+5，1和5合成6，所以是9+6。

生：我发现前面一张卡片，1和2合成3。这张卡片应是1和5合成6，所以是9+6。

师：看清楚了！（抽拉卡片，此时全班静悄悄的，所有人都目不转睛地看着卡片。）

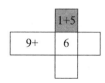

师：你们猜对了吗？9+6等于多少？

生：（齐）对！9+6=15。

（在验证猜想的一刹那间，课堂沸腾了，有的喜形于色，有的拍手欢呼，有的甚至跳了起来……）

（再及时巩固，师出示卡片。）

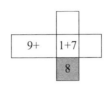

整个过程中，教师创设了学生最喜欢的游戏形式，比较自然地让学生巩固9加几，不露痕迹地让学生掌握了新知、旧知之间的联系，更为重要的是学生在此过程中尝到了成功的喜悦，学习兴趣高涨，产生了学好数学的愿望。

反思：

1. 深入挖掘学习素材。

对于同样的学习素材，我先后两次不同的教法换来了两种截然不同的效果。为什么会这样呢？其实教学不仅要考虑学习素材自身的特点，更要遵循学生学习数学的心理特点。虽然各种版本的数学课程标准实验教科书都蕴含了很多新的教育理念，但这些鲜活的教育理念都静态地依附于教材文字，这就需要课程实施者即教师根据学生的实际情况，灵活地、创造性地发掘、运用，使之在教学中得以体现。

2. 追求一种无痕的效果。

有一位特级教师曾说过："当老师教育学生时，如果学生知道你在教育他，你的教育就失败了。"第二次教学，我通过"变卡游戏"不露痕迹地给学生一个比较的暗示（猜一猜），激发出学生的潜在智慧和探索欲望，再通过验证，让学生尝到了成功的喜悦，使学生产生了学好数学的愿望，这不正是无痕教育的魅力所在吗？

隐形备课：课堂生成中展开二度教学设计

江苏省江都市仙女镇双沟小学　刘正松

传统的课堂强调预设与控制，新课程追求生成与建构。"预设与生成"自然也就成了专家、学者以及广大一线教师当下最为关注的话题之一。毋庸置疑，课堂中，教师在面对有别于预设的生成时，需有足够的教育机智，顺应学生，迅速进行"二度教学设计"，让学生的灵性和智慧在课堂上尽情流淌，使课堂教学演绎意料之外的精彩。本文拟通过几节课例研究，对"二度教学设计"作初步探讨，以期完美地应对课堂生成。

一、缘起

课堂教学中，这样的现象司空见惯：当学生出现有别于预设的生成（出疑、出错、出新）时，教师常委婉地说"这个问题有兴趣的同学可以课后研究……"或"没关系，错了不要紧，坐下去再思考一下……"然后教师便继续自己的教学预案。

初听教师的话，相比传统的课堂确实进步不少，让人感受到新课程理念的独特魅力，但这样的遭遇多了，我便隐隐发现其中的不是：这不是美丽地涮了学生一回吗？学生虽然很体面地坐了下去，但他们心中的结解开了吗？我们不得而知。为揭开心中的困惑，我不停地追问自己，在当下以动态生成为理想追求的教学中，我们的教学设计应该精心预设哪些内容？对于动态生成，教师需要哪些教育机智和教学策略？网上关于"预设与生成"的话题充斥眼球，但面对生成，我们该如何应对，各种资料中却涉及甚少。因此，我一直在耐心地摸索，"二度教学设计"在我的脑海中渐渐清晰起来。

"二度教学设计"，即在课前充分预设课堂教学的基础上，在课中具体实施，面对有别于预设的生成时，及时调整原先的教学目标、教学方法、教学内容、活动方案，在头脑中即刻进行并付诸实施的区别于课前"有形化"的教学设计的一种"无纸化"教学设计。

二、实践

课堂是生成的，但生成并非放弃教师的引导，不少有识之士早就意识到：课堂教学是一种处理预设与生成的艺术。"二度教学设计"正是应对课堂生成的一种积极对策，我们应将课堂真正还给学生，随时准备理直气壮地展开"二度教学设计"，可以说，改变预设，就是创新。

（一）在学生出疑处展开"二度教学设计"

课例回放:《乘法分配律》。

预设：教学《乘法分配律》后的练习课，准备以教材中的相关练习为载体，通过各种变式练习巩固乘法分配律。

实际教学：课进行到一半时，有一位爱提问题的学生质疑："除法有分配律吗？"我先是一愣：这在教材上没有说明，但实际却存在，而且比较烦琐。是改变预设，还是避之不谈？我迅速抉择，于是顺水推舟，说道："这个问题挺有价值，大家认为呢？我们一起讨论一下吧。"学生自主交流（虽然语言不够精炼，但意思完全正确）后，基本能模仿着乘法分配律说出："两个数的和除以一个数，可以用这两个数分别除以这个数，再把两个商相加，结果不变。"这时，出现了短暂的平静，看得出来，学生的大脑在高速运转。过了一会儿，有些嘈杂声了，有人说行，有人说不行，并各举了例子：（49+56）÷7=49÷7+56÷7 和（71+37）÷3=71÷3+37÷3（不好算）——出现了争执。于是两方又各举了许多例子，经过激励的争论，最终一致认为：这个规律在好算时成立，否则不行。此时，我说："同学们真不简单，能大胆作出猜测并初步证明了除法分配律，其实这个规律确实存在，只不过我们目前所学的知识还不会算71÷3和37÷3这类问题。"学生听了我的评价，脸上都露出了胜利的微笑，获得了成功的体验，不用说，在今后的学习中他们还会大胆地进行一次次猜测。当然，为了避免学生出现混淆，我还补充了类似 $(a+b)\div c=a\div c+b\div c$ 和 $a\div(b+c)=a\div b+a\div c$ 的辨析题来澄清学生的认识。

无疑，这样的"二度教学设计"是成功的。其成功之处在于课前的预设没有统死整个课堂，教师面对学生的质疑，敢于大胆改变预设，解决学生心中的疑问。这节课结束后，虽然后面还有几个练习没来得及做，但我认为对除法分配律的研究必能深化学生对乘法分配律的理解，比盲目做几道题的收获要大得多，而且这种收获不单单体现在知识上。我们何乐而不为呢？

（二）在学生出错处展开"二度教学设计"

课例回放：《百分数应用题》。

预设：这是一节复习课，准备借助教材中的几道练习题，讲练结合，使学生更熟练地解决百分数应用题。

实际教学：

（课前，请学生在小黑板上抄了一道题目，上课后，出示该题：一批水果，上午卖出全部的30%，下午卖出全部的50%，已知上午卖出120千克，比下午多卖出多少千克？题目出示后，有学生立刻举手。）

生：老师，题目抄错了。

师：哪里错了？（面对这突如其来的情况，我没能立刻发现错在哪里，便侧耳倾听。）

生："多"字用错了。

师：怎么用错了？（这时我明知故问，并立刻准备就借助这道题展开教学。）

生：根据条件1和条件2，可以知道下午卖出的比上午卖出的多，而问题却要求上午比下午多卖出多少千克。

师：怎么办？（此时，我在心中已准备将错就错，由学生自由发挥改编题目。）

生：把"多"字改成"少"字就可以了。（绝大多数同学表示赞同）

生：也可以把条件1中的"30%"和条件2中的"50%"对调。（部分学生这样回答）

生：还可以把条件3"上午卖出120千克"改为"下午卖出120千克"，把问题"比下午多卖出多少千克"改为"比上午多卖出多少千克"。

生：……

（一石激起千层浪，学生改编应用题的热情空前高涨。）

师：大家想了这么多的方法把这道错题改编好了，老师真的感到很高兴。现在，按照第一种改法，该怎么解答呢？

（接下来便是学生围绕先前的各种改编题畅所欲言，展开讨论。）

平淡无奇的教学素材，屡见不鲜的课堂差错，却因为教师的智慧处理而显得精彩迭出。回首这节课，面对学生把题目抄错这一意外，我从学生的需要出发及时调整了教学预案，进行"二度教学设计"，让每一个想发言的学生都能表达自己的想法，学生的智慧在课堂上充分显现。试想：若在学生发现题目出错后，教师立刻自行纠正，并沿着预设教学思路继续展开教学，也许同样能达成教学目的，但可以断言，整节课不会引起全班学生如此高度的关注，课堂也因缺少学生的参与热情而少了该有的灵气，那样的教学必然是失败的。

（三）在学生出新处展开"二度教学设计"

课例回放：《分数的意义》。

预设：通过一个个具体的例子让学生感悟到分数的意义，其中设计这样一个环节：让学生通过小组合作表示出预先准备好的小篮子里的果冻的 $\frac{1}{2}$。

实际教学：学生弄清要求后，积极性很高，纷纷动手分了起来，并且在很短的时间内几乎同时举起了手，这时我让各组派代表上台展示分的情况。由于每组果冻的个数是不等的，所以分法也不一样，到了最后一组，共8个果冻，只见那组的代表一手托着篮子，连跑带奔地走上讲台，显然有些迫不及待了，他将8个果冻从中间一分，一边4个，然后看着我说："我们把这8

个果冻平均分成两份，这样的（指着一堆）$\frac{4}{8}$就是$\frac{1}{2}$。"这时我立即接过话头说："对！这样的 4 个就是这堆果冻的$\frac{1}{2}$，不过大家有没有听清楚，他刚才的回答中还有一个分数——$\frac{4}{8}$，（迅速出示 8 个果冻）你们能摆出这堆果冻的$\frac{4}{8}$吗？"这肯定难不倒学生，他们很快便完成了任务，这时我问道："大家看一看，8 个果冻的$\frac{1}{2}$和$\frac{4}{8}$相比，怎么样？"学生齐答："相等！"这时，我说："对，这是咱们后面将要学习的知识。同学们今天已经感受到了，了不起！"

若是以往，面对最后一组学生回答中的信息，教师可以忽略不计或婉转地一带而过，因为这不是今天要讲的内容，捅出来反而添乱，可今天看来，这是完全站不住脚的。这节课上，面对学生回答中的新意，我立刻将之放大，展开"二度教学设计"，让学生在动手操作中充分感知这些果冻的$\frac{1}{2}=\frac{4}{8}$，既不离题，又无形中为后面学习分数的基本性质埋下了厚实的一笔，将来学习分数的基本性质时，再回忆起这一幕，学生对分数基本性质的认识肯定更加深刻。这样的"二度教学设计"费时不多，但意义深远。

回首上述这些课堂，没有语文课上师生的激情澎湃、情感四射，但学生产生和释放的"能量"却是超常和无法预测的，精彩的课堂资源也会随时生成，这得益于教师，特别是教师大胆的"二度教学设计"。这些课表面上风平浪静，实际上我们却完全感受到学生内在的思维犹如波涛般汹涌，这样的课堂教学才能使学生的学习变得丰富而有个性，也只有这样的课堂才能真正成为学生发展思维、提高能力的地方。

三、反思

成功的实践让我对"二度教学设计"更加充满信心，那么，聚焦课堂，面对新情况，究竟如何使"二度教学设计"更为有效呢？

（一）课前预设力求大气

课堂教学不能没有预设，但过于翔实的教学预设容易使课堂被教师控制，无法发挥学生的主动性和创造性，"二度教学设计"没有任何余地，而那种过于简单的教学预设又显得先天不足，常使教学游离于主题之外，处处碰壁而无法进行"二度教学设计"。这两种截然不同的教学预设都限制了教师创造性地进行"二度教学设计"，课堂中面对一些新的情况，要么置之不理，要么巧妙回避，这最终伤害的都是学生的利益。

理想的教学预设应足够的"大气"，应更多地关注一节课的知识要点、教学目的，理清整节课的教学环节，然后，课堂教学中的每个动作都应围绕其展开，唯有在此基础上展开的课堂教学才能游刃有余。

（二）课中关注课堂细节

新课程改革已进入全面实施阶段，决定成败的不再是理念先进与否，而是微若沙砾的细节。"细"——微末之处，"节"——关键之处，这正是我们真正需要关注和改进的"节点"，课堂的魅力也正在于细节的美，细节的魅力。当然，我们推崇"二度教学设计"也不是提倡每节课都推翻整个教学预设，只是针对课堂教学实施过程中的某个意外的环节进行更为合理的"二度设计"，使其更好地服务于课堂教学。从某种程度上说，"二度教学设计"能够真实地体现一位教师的功力，它虽不高深莫测，但需要教师有敏锐的眼光，把握课堂细节，更需要教师有足够的教学智慧，随机应变，因势利导。

细节决定课堂效果，细节中渗透着课堂智慧，让我们的"二度教学设计"从关注课堂细节开始。可以预见，一个个精彩的细节处理将串联成精彩的课堂。

（三）课后坚持及时反思

实践证明，成功的"二度教学设计"能激发学生更大的学习潜能，引领学生以更大的热情深入地学习新知；反之，则会背离教学的初衷，浪费宝贵的学习时间。当然，应该相信，随着"二度教学设计"经历的增多，教师面对各种生成将更加睿智——对有效的生成因势利导、深化主题，让无效的生成改弦易辙、回归正题。

但"二度教学设计"是教师在特殊情境下的灵感突现，稍纵即逝，如果不及时加以总结，只会给教师带来一时的兴奋，而根本不能深层次地改变什么。回味名师们对一些课堂生成的处理，可谓四两拨千斤，常会出现意想不到的教学效果，让人忍不住拍案叫绝，我想这是反复思考、大胆设计、敢于实践的结果，也是广泛学习、博采众长、追求完美的结果——这正是教学智慧的源泉。因此，我们应让反思成为我们每一天的工作和习惯，这不仅是我们的一种态度，从中我们也必将得到进一步的积累和提升，这是终身受用的。

总而言之，课前预设也好，面对生成展开的"二度教学设计"也罢，都是为了更好地展开课堂教学，促进学生的最优化发展。当然，课堂教学"二度教学设计"并不是追求课堂一时的热闹，而应该真正关注学生的内心需要。俗话说"艺高人胆大"，当我们不断积累，有扎实的学科知识和丰富的教学智慧作底蕴后，应大胆抛开烦琐、精细的预设，凭着自身厚实的积淀，以一种"无痕设计"状态进入课堂。

附 录

《百分数的意义》的"二度教学设计"

我在参加一次市级赛课时，之前在教研室老师的指导下精心设计了"精彩"的教学预案，赛课时到处"碰壁"。当时，面对着听课的几十位学生、几百位老师，我只好豁出去了，为了让教学得以顺畅展开，我在课堂生成处迅速进行"二度教学设计"，演绎了未曾预约的精彩。

《百分数的意义》课堂实录对比：

试教片段实录	比赛相关片段实录

片段一：初步感知

师：同学们，为丰富大家的课余生活，学校准备组织一场投篮比赛，规定每班派一名选手参赛，不过六（1）班有三名同学报名，他们投篮的水平都不错，这是他们平时练习的情况：

队　员	投中个数
1 号队员	22
2 号队员	17
3 号队员	43

师：同学们，如果你是六（1）班的班长，你会推荐几号同学参赛？为什么？

生：我会推荐 3 号队员参赛，因为他投中的个数最多。

生：我认为这样考虑不全面，3 号队员投中的个数最多，也许他投的总个数也是最多的。

生：我也觉得光比较投中个数不够公平，还需要看他们共投了多少个。

（师继续出示列表）

队　员	投篮总数	投中个数
1 号队员	25	22
2 号队员	20	17
3 号队员	50	43

师：有了投篮总数，现在你准备推荐谁呢？

（生沉默思考，没人举手。） 师：有什么困难吗？你能不能想办法比比谁投得更准呢？ （又停顿了一会儿） 生：可以算出投中个数占投篮总数的份额，再去比较。 （其余学生纷纷赞同） 师：也就是说算出投中个数是投篮总数的几分之几，然后比较。那谁来说说怎么算呢？	（师停顿片刻，有学生迅速举起了手。） 生：我认为谁投篮水平最差就先淘汰谁，首先我可以排除 3 号队员，他有 7 个没投中。 生：（支支吾吾）但 1 号队员和 2 号队员没投中的个数都是三个…… （又停顿了一会儿） 生：可以算出没投中个数是投篮总数的几分之几，然后比较。 师：那谁来说说怎么算？ （通过计算，学生发现最初猜测 3 号队员投篮水平最差是错的。）

试教片段实录	比赛相关片段实录

片段二：感悟意义

师：稍微留心一下，在我们生活周围到处可见百分数，课前老师也让大家收集标有百分数的标签、合格证等，都带来了吗？

生：带来了！

师：好，那先请大家在小组内交流交流，互相说说你是在什么地方找到的，这个百分数又表示什么意思。

（学生展开交流，教师参与其中。）

师：听了同学们的交流，老师真佩服大家，居然能把每个百分数的意思说得那么到位，下面我想请几位同学带着自己收集的百分数到前面来给大家展示一下。

生：这是从我妈妈给我买的衣服上剪下来的，这儿的80%表示棉是这件衣服布料总重量的80%。 生：这是别人送给我老爸的泸州老窖，这里的酒精度56%表示酒精的含量是56%。 师：酒精度比较特别，老师也曾留意过，这儿的56%表示酒精的体积占整瓶酒体积的56%，是体积比。 生：…… 师：同学们说的都不错，老师这儿还有几个特殊的百分数，我们一起来看，它们又分别表示什么意思呢？（出示：试卷分析表）这是我们双沟小学六（2）班一次数学测试之后的试卷分析表，从中能看到百分数吗？ 生：能！优秀率83.3%，及格率100%。 （板书：83.3%　100%） 师：这儿的优秀率83.3%、及格率100%各表示什么意思呢？ 生：优秀率83.3%表示考试得"优"的人数是总人数的83.3%。 师：同意吗？ 生：同意！ 生：及格率100%表示及格的人数是全班人数的100%。 师：这个100%就表示六（2）班这次考试—— 生：全部及格。 师：对！这儿的100%就表示参加考试的	生：这是一件衣服的合格证，成分：棉75%，涤25%。棉占这件衣服布料总重量的75%，涤占这件衣服布料总重量的25%。 生：这也是一件衣服的吊牌，这里的100%表示棉是这件衣服布料总重量的100%，也就是通常所说的全棉布料。 生：听老师说，这次测试我们班的优秀率是85.6%，这里的85.6%表示得"优"的人数是全班人数的85.6%。 生：…… 师：（板书出学生交流的几个分数）同学们带来的百分数真丰富，意思说的也不错。那大家观察一下黑板上的百分数，再想一想平时听过的、见过的，还有没有更特殊的百分数呢？ （所有学生陷入沉思，忽然，有一个学生若有所悟地举起了手。） 生：老师，还有，听爸爸说，有的商品利润极高，达到百分之几百。 生：这样的百分数我也听过，比如说工厂今年的产值是去年产值的105%。 师：确实，老师这儿也有一个这样的百分数，一起来看一看。（出示：2003年国内生产总值为116694亿元）经初步核算和评估，2003年我国国内生产总值为116694亿元，是2002年的109.1%，这同时是1997年以来增长最快的年份。

试教片段实录	比赛相关片段实录
人都及格了。一起再来看老师从网上搜索到的一条信息（出示网络信息），自己轻声地读一遍。 （学生纷纷轻声阅读） 师：这儿的 109.1% 又表示什么意思呢？ （板书：109.1%） 生：这里的 109.1% 表示我国 2003 年国内生产总值是 2002 年的 109.1%。 师：可见我国 2003 年国内生产总值比2002 年增长了还是降低了？ 生：增长了。	（学生纷纷轻声阅读） 师：这在遭受非典疫情和频繁发生自然灾害的情况下，取得这样的成绩确实是来之不易的。
片段三：总结提升	
师：同学们，短短一节课很快就要结束了，想在一节课的时间里真正弄清百分数的所有知识那是不现实的，今天只是一个开始，希望大家以此为起点，不断去研究更多有关百分数的知识，好吗？ 生：好！	
师：最后老师还想给大家留个调查作业。这几年，我们扬州的变化可太大了，这一点咱们开发区的学生更是有目共睹，有兴趣的同学课后可以展开专题研究，向家长、亲戚了解了解，或者到报纸上、网络上去查找查找，收集收集有关我们扬州近几年各方面发展变化情况的百分数，相信当我们把收集来的数据在全班进行交流时，你一定会为我们扬州的变化之大以及变化之快折服的！	生：老师，我想问一下百分点跟我们学的百分数一样吗？ 师：这个问题非常有价值，这位同学平时一定很留心观察周围的事物。相信还有不少同学在日常生活中也听过或看过"百分点"的说法。"百分点"究竟是什么一回事呢？我们举个例子来了解一下吧。刚才说到"青少年肥胖率东北地区最高，为百分之十三点二，华北地区次之，为百分之十二点二"，根据这一信息，我们就可以说：东北地区青少年肥胖率比华北地区高一个百分点。也就是用 13.2-12.2=1，而不能说东北地区青少年肥胖率比华北地区高 1%。听明白了吗？ 生：明白了。

　　一节课下来后，我也来不及多想，只觉得浑身轻松，但之后专家的肯定、同行的赞誉给了我莫大的鼓舞，同时也使我更有信心反思这次不寻常的教学经历。

"课堂应是向未知方向挺进的旅程，随时都有可能发现意外的通道和美丽的图景，而不是一切都必须遵循固定线路而没有激情的行程。"这节课后，我对此有了更加真切的感受。课堂上，面对意外生成，我们应悉心观察、耐心倾听、随机应变、因势利导，不露痕迹地展开"二度教学设计"，让生命的活力在生成中涌动，让课堂教学在生成中精彩无限。

1."我认为谁投篮水平最差就先淘汰谁"——放飞学生思维。

众所周知，不同的课堂，不同的学生，不同的情境会出现不同的情况，课堂上"精彩瞬间"能否出现仅在于教师一念之差。因此，我认为作为教师应善于在设计教学流程时适时地进行"生成"的预设，在教学过程中及时捕捉课堂生成的有利时机，以灵活的策略应对课堂中出现的动态生成。

这节课试教多次，当出示投篮总数后，学生一般都束手无策，于是我追问："能不能想办法比比谁投得更准呢？"以此来引出下文，比较顺当。但实际赛课时，我耐心倾听学生发言，没有急于提醒，将学生引到比较命中率上去。于是当有一个学生提议先将最差的淘汰时，无形中牵引着所有学生的思维朝比较没投中个数占投篮总数的几分之几这一方向前进。这是我预设中所没有的，但条条大路通罗马，这又不失为一条好的思路，何必非要比较命中率呢？于是我便顺应学生的思维，继续展开教学……实践证明，学生自己创造出来的方法会让他们更感兴趣，更为主动，他们在合作、对话、摩擦甚至碰撞中不断深化着自己对问题的独特认识，建构着自己对知识的个性化理解。

2."还有没有更特殊的百分数呢？"——激发学生潜能。

课堂上教师的精彩，应该通过使学生兴奋、活跃、积极地参与探究，转化为学生的精彩。如果教师精彩的展示，游离于课堂外，会压抑学生，那么这样的精彩要受到拷问。因为一节成功的课落脚点不是教师教得如何，而是学生学得怎样。

这节课中，试教时学生带来的百分数大多是服装吊牌、酒瓶标签……而且感悟意义、集体交流时大都是诸如56%、75%等标准化的百分数，但我想单单将这些呈现给学生，毕竟太狭隘了，于是试教中对于百分号前面的数比100大或等于100的，百分号前面的数是小数的百分数专门安排了一个环节（如优秀率、及格率等）加以补充介绍，以完善学生的认识。但实际比赛时，这群活跃的学生居然先说出了一些特殊的百分数（100%、85.6%），这时已完全没必要再返回去介绍我准备的那些特殊的百分数，于是我立刻改弦易辙，顺水推舟，富有挑战性地问："还有没有更特殊的百分数呢？"激起所有学生继续深入探寻的欲望和潜能，他们又最大限度地在自己的记忆中搜索，在头脑中掀起一阵风暴，短暂沉默后的爆发便说明了一切，这样的精彩得益于教师适时退出和适度放手，这在成就精彩课堂的同时更成就了学生。

3. "我想问一下百分点跟我们学的百分数一样吗？"——拓宽学生视野。

成功只光顾有准备的头脑，要想在课堂上获得成功，使课堂闪现智慧的火花，课前便必须作充分准备。正是有了对文本、学生理性分析所奠定的基础，才激发了师生的灵感，实现了课堂上的灵光闪现，正所谓"博观约取，厚积薄发"。

上面的片段三中关于百分点的介入就是明显的例子。赛课时，当我刚开始总结，正准备按预案布置调查作业时，有一名学生便迫不及待地质疑百分点是怎么一回事。想想也是，如今，报刊、电视广播上，百分点的说法并不鲜见，学生的疑惑合情合理，这时断然回避绝不是最好的选择，满足学生的渴求是我当时的首选，于是便抛开预设，转而介绍百分点，学生感兴趣的知识他们听得特别仔细，一个比较抽象的概念也因此而轻松地展现在学生面前，浑然天成。说句实话，开始备课时，我们也曾为讲不讲百分点的问题争论过，最后一致认定不要牵扯，以免画蛇添足，虽说这样，我还是特意查阅了相关资料，了解了百分点的本质，没想到赛课时居然发挥了作用。无疑，百分点的介入拓宽了全体学生的视野，这样的教学也不再唯教材是尊，真正做到了以人为本，在丰富学生认知的同时深化了其对百分数的认识，一举几得的事，何乐而不为呢？

学习是学生的自主行为，是发生在学生头脑中的事，无论我们如何深入，也不可能完全掌握。所以，我们设计教学预案时也不能精细地规定其全部的细节，而只能弹性处理，预设粗线条、框架式的教学方案，以便为二度教学设计留下充裕的时间和广阔的空间，让课堂时刻演绎意料之外的精彩……

主旨整合演绎经典之路

——三教《用字母表示数》的备课历程

浙江省上虞市樟塘小学 樊曹阳

为了参加绍兴市优质课评比，我和同事们共同研究设计了几节课，《用字母表示数》就是其中之一。因为之前两次听宁波万里国际学校的林良富老师上过《用字母表示数》一课，名师经典的课堂演绎给当时听课的我很大的启迪，故借准备的机会进行了更加深入的研究，三易其稿而终有所获。

在日常生活、学习中，字母可以有很多不同的表示作用。那么，本课教学首先必须解决的问题应该是让学生了解和掌握字母在数学学习中有着怎样的表示作用。是诚如课题所述仅仅让学生了解字母可以表示数，还是像教材提供的材料所展示的字母可以表示数量关系，或是两者兼而有之？汗颜的是在此之前我对此从无思考。两次听林良富老师上《用字母表示数》一课主要的感触停留在大师自然、大气的课堂教学风格上，根本没有深层次地进行过揣摩。所以，免不了跌跌撞撞，徘徊前进，走出了一条从全盘照搬到主体模仿再到主旨整合的演绎名师经典的课堂教学探究之路。

一、全盘照搬——想说爱你不容易

因为对林良富老师《用字母表示数》一课印象深刻，首次的教学设计受到其全方位的影响，我总觉得不管怎样都没有林大师设计得好。于是乎，决定全盘照搬林大师的设计，满怀信心地准备接过大师手中的枪，演绎有自己特色的精彩的课堂生态。

简录教学设计一如下：

一、谈话过渡，引入新课

师：初次见面，我们还没有互相了解，让我们先相互认识一下好吗？老师对同学们的有些情况很感兴趣，能让我了解一下吗？（随机问一些有关学生的问题）

师：下面把问的权利交给大家，你们有什么想向老师了解的事情吗？

生：……

（片段感悟：在与同学们闲聊中5分钟过去了，可就是没有一位同学问"老师今年几岁了"这个问题，我想抓住的"救命稻草"始终没有出现。可以说，课堂刚刚开始就给自信满满的我兜头浇了一盆冷水。）

二、随机引入，探究新知

1. 用字母可以表示简单的数量关系。

（1）猜测引导。

师：请同学们估计一下，今年老师有多大？（片段感悟：只能自己问了。）

生：……

师：你们的估计能力都很强，但要知道老师今年到底多大靠估计是不准确的，不过我可以通过一定的方式告诉大家。（指一名同学问）你今年多大了？（生回答）我告诉大家，老师比他大20岁。现在你知道老师几岁了吗？

师：老师比他大20岁，哪两个人的岁数在比？当这位同学1岁时，老师的岁数怎样表示？当这位同学2、3岁时，老师的岁数又怎样表示？谁还能继续往下说？……

师：继续这样说下去，你有什么感觉？（片段感悟：此时课堂鸦雀无声，大部分学生眼中一片茫然。）

（2）深入探究。

师：下面，我们要想一个办法，怎样才能把这位同学的岁数、老师的岁数以及两个人的岁数关系既简单又明白地表示出来呢？先请每个同学独立思考，然后在四人小组内交流讨论，最后每个小组派代表交流研究成果。（片段感悟：因为之前铺垫不足，没有几个小组同学想到可以用字母表示，老师只能一次次到小组中去提示。）

（3）反馈交流。

师：现在老师请几个组来汇报一下自己的研究成果，并对其他组的成果作出评价。

师：刚才通过讨论我们统一了意见，都认为第一、二小组的方法最好。在这里，"a" "$a+20$" 分别表示什么？

师：当 $a=1$ 或 74 时，两个人分别是多少岁？

师：根据你的经验，你认为 a 可以表示哪些数？最小是几？最大可能是几？

（4）小结提升。

师：从这个例子我们可以看出，像字母 "a" 可以表示数量（同学的年纪），而像含有字母的式子 "$a+20$" 不仅可以表示数量（老师的岁数），还可以表示数量关系（老师比同学大 20 岁）。（板书：含有字母的式子不仅可以表示数量，还可以表示数量关系。）

（片段感悟：看着学生似懂非懂的眼神，我的后背有一阵凉意。尽管完全是按照林大师的课堂实录进行的教学，但对同样的问题学生的反应可能完全不同，再加上自己教学功底不足，我的课堂显得那样的做作和不自然、不流畅！林大师如春风化雨般自然、和谐、流畅的课堂教学语言和精彩独到的点拨评价，我根本无法把握。）

2. 用字母可以表示复杂的数量关系。

师：小时候同学们一定读过这一首儿歌，请看。（出示：一只青蛙一张嘴，两只眼睛四条腿；两只青蛙两张嘴，四只眼睛八条腿……）

师：谁来读一读？（一生读）谁能继续编下去？10 只、100 只怎么编？你为什么编得这么快？

师：这样编得完吗？你能想一个好办法编完这首儿歌吗？想好后，同桌先交流一下。

师：现在老师请几个同学来编一编。

生 1：x，x，x，x。

生 2：a，a，a，a。

生 3：a，a，$a\times2$，$a\times4$。（你怎么想到的？）

生 4：a，b，c，d。

师：刚才同学们创造了那么多方法，你觉得哪一种方法好？为什么好？

师：把我们编出来的新儿歌读一读。可能大家觉得有点拗口，没关系，等你们下节课学习了新的知识后，我相信大家一定能够把这首儿歌读得更好！

（片段感悟：课上到这里，我已经觉得汗流浃背、无心恋战了。匆匆把林大师设计的精彩独到的实践运用部分呆板地演绎了一遍就结束了第一次试教过程。课后和同事们分析、整理和反思，觉得整节课上下来主要有这样几个突出问题：①课堂教学思路混乱，教者不知所教，学者不知所学；②没有考虑到学生的认知规律与现实起点，不符合所教学校学生的学习实际，对新知的铺垫严重不足；③教师随机点拨评价的能力不足，各环节之间的过渡组织不顺利。可以说，我一厢情愿地全盘照搬大师的课堂以失败收场。）

二、主体模仿——让我欢喜让我忧

看到了问题所在，但导致问题出现的根源何在以及如何解决这些问题则远比发现问题要复杂得多。但遗憾的是，首次失败还没有让我真正明白根源所在。我认为出现问题的主要原因在于自己对教案的不熟悉和长久不上公开课后对课堂教学艺术的生疏。因此，我仍坚持在第二次试教时对林大师教案的绝大部分内容实行主体模仿，只在原教案的课前增加了一些铺垫练习，以有利于学生唤起原有的知识经验和接纳新知，而把主要精力放在对本课的整体教学环节的进一步熟悉和内化上。

简录教学设计二如下：

一、圈点生活，感受新知

1. 生活中的字母。

（1）出示汽车的牌号，说说其中的字母表示什么意思。（字母表示地点）

（2）出示指南针上的S、N两个字母，说说表示什么意思。（字

表示方位）

（3）请同学们自己介绍类似的生活中用字母表示的例子。

2. 招领启事。

师：小明在教室里拾到人民币15元，他准备写一张招领启事。他写道："今天在教室里拾到人民币15元，请失主与班主任联系。"你认为他这样的写法有没有问题？如果有，应该如何修改？

（片段感悟：在原来基础上增加了"圈点生活"这一环节后，激发了学生的学习兴趣，特别是"招领启事"中出现的思维冲突，唤起了学生对原有知识经验的回忆。）

二、谈话过渡，引入新课

（同教学设计一相同部分）

（片段感悟：课上到这一环节结束时，我已经隐约感觉到有一条理性的思路可以用于《用字母表示数》全课的展开，但按照现在这样的设计，这条思路好像有点颠倒。）

三、随机引入，探究新知

（同教学设计一相同部分）

四、实践运用，拓展延伸

（略）

（片段感悟：主体模仿一遍以后，整体感觉比上次有了明显的进步，但还是出现了知识点重复、思路不清等问题。于是，跟同事们重新研读了教材和林大师的教学设计，意图从中找出教学设计的主旨所在。）

三、主旨整合——阳光总在风雨后

在两次经历"风雨"之后我们总算发现，林大师的教学设计是按照"用字母可以表示数—用字母可以表示简单的数量关系—用字母可以表示复杂的数量关系"这一主旨展开教学的。教学设计主旨的明确，使我对于重新认识名师的课堂有了豁然开朗的感觉。这种感觉支撑着我重新审视自己的课堂，在大师教学主旨的基础上整合出一条更为清晰的教学设计思路，那就是"体会字母在生活中的作用—用字母可以表示数（包括固定数和不固定数）—用字母可以表示简单的数量关系—用字母可以表示复杂的数量关系（包括已经学过的字母公式）"。

简录教学设计三如下：

一、圈点生活，感受新知

1. 字母在日常生活中的各种作用。

师：我们学习数学最常用的工具有哪些？（阿拉伯数字1、2、3……）我们学习英语必须先掌握什么？（26个英语字母）其实字母不仅在学习英语时有用，在日常生活中我们也经常用到这些字母，让我们先来看看字母在日常生活中的作用。

（1）出示判断题的要求，说说字母Y、N表示什么含义。（字母是英语yes和no的缩写）

（2）出示乐谱中字母f，说说它表示什么。（字母可以表示音调）

（3）出示汽车的牌号，说说其中的字母表示什么意思。（字母表示地点）

（4）出示指南针上的S、N两个字母，说说表示什么意思。（字母表示方位）

（5）出示交通标志——停车点，说说字母的作用。（字母表示做法）

（6）出示交通标志——3.5M，说说其中的字母表示什么意义。（字母表示单位）

师：你还见过生活中其他类似的例子吗？

（片段感悟：结合日常生活中的具体情境让学生体会用字母表示的作用，能充分调动学生的学习积极性和趣味性，为更好地进行新知识的教学提供丰富的表象依托。）

2. 用字母可以表示数。

（1）扑克牌的J、Q、K表示什么？（这三个字母分别表示固定的数字11、12、13）

（2）招领启事。（字母可以表示不固定的数字）

师：小明在教室里拾到人民币15元，他准备写一张招领启事，他写道："今天在教室里拾到人民币15元，请失主与班主任联系。"你认为他这样的写法有没有问题？如果有，应该如何修改？

（片段感悟：两个不同的铺垫练习既体现了一定的层次感和不同的思维深度，又为整体的教学设计展开提供了一条清晰的思路。）

3.揭示课题，引入新课。

（略）

二、层层推进，探究新知

1.用字母可以表示简单的数量关系。

（1）猜测引导。

师：摆1个三角形用几根小棒？摆2个三角形用几根？3个呢？（课件依次出现1个、2个、3个三角形）

（2）初步感知。

师：请大家观察这些算式，有什么发现？

（3）小组讨论。

师：能不能只用一个式子表示上面所有的算式？

（4）小结提升。

（学生讨论后得出可以用"$a×3$""$b×3$""$x×3$"等来表示）

师：以上这些式子本质上有没有变化？选择其中一个式子（如$a×3$）展开交流活动。

师：a表示什么？在这里它可以是哪些数？$a×3$呢？

师：刚才我们在研究"招领启事"时已经知道字母可以表示一个不固定的数，现在通过a可以表示任何三角形个数这个事实得到了进一步的证实。同时，我们发现不仅字母可以表示数，带有字母的式子（如$a×3$）也能表示一个不固定的数。

师：当三角形个数变了，所需的小棒根数也要变，但有没有不变的东西？（a是变化的，所以$a×3$的结果也会发生变化，但它们的关系是不变的。）

（小结："$a×3$"既能表示一个结果、一个数量，也能表示一种数量关系。）

［片段感悟：放弃了林大师选用的"猜年龄"的教学素材，而选用有利于教师（特别是像我这样对课堂的调控能力还没有达到林大师水准

的教师）调控，有利于学生借助动手操作帮助理解的素材"数三角形根数"，是我第三次教学尝试中最大的改变，但其中教学设计的主旨不变，只是更加细化更加完善了。此次教学结束后，听课同事们一致认为取得了良好的教学效果。]

2. 用字母可以表示复杂的数量关系。

（同教学设计一相同部分）

（片段感悟：有了之前的顺利开展，最能体现林大师教学设计新鲜、独特和巧妙的环节竟然也被我演绎得"像模像样"，这是水到渠成的力量啊！）

3. 总结质疑，渗透数学文化。

（略）

三、模仿拓展，综合运用

1. 用字母可以表示已经学过的数量关系式。

（1）用 v 表示速度，t 表示时间，s 表示路程。已知速度和路程，求时间的字母公式。

（2）加法交换律的字母公式。

（3）乘法分配律的字母公式。

（4）长方形面积的字母公式。

（5）梯形面积的字母公式。

师：一般我们用字母 t 表示时间，用 n 表示个数，像这样习惯上的用法还有一些，如面积我们用 s 表示，周长用 c 表示等等。而且含有字母的乘法式子在书写上有一些规定，请同学们自学课本，然后介绍介绍。

（片段感悟：设计这一环节既能让学生进一步巩固用字母表示数量关系的具体应用，又是对以前学过的知识的综合梳理，同时还能总结书写规范，提高教学效率。）

2. 根据表格中的内容提出问题，解决问题。

年　　级	每班人数	班级数
四年级	每班 40 人	a 个
五年级	每班 b 人	6 个

3.根据下面的公式，预测自己的身高。

男：$(a+b) \div 2 \times 1.08$

女：$(a \times 0.923 + b) \div 2$

（a 表示爸爸的身高，b 表示妈妈的身高。）

4.根据下面的信息回答问题。

在某地，人们发现某种蟋蟀叫的次数与温度有以下关系：用蟋蟀1分钟叫的次数除以7，然后再加上3，就近似得到该地当时的温度。

（1）用含有字母的式子表示该地当时的温度。

（2）当蟋蟀1分钟叫的次数分别是119和161次时，该地当时的温度约是多少？

（片段感悟：带有层次性、具有开放性、蕴含知识性、充满趣味性的练习让学生在数学知识掌握过程中进一步开拓了思维、丰富了情感体验，从而加深了对问题本质的理解和掌握。）

四、评析

第三次试教后，听课的同事们一致觉得整节课教学设计思路清晰，课堂节奏把握得当，学生参与积极热情，知识掌握扎实有效，比之前两次试教有了质的提升。可谓真正吃透了教材编写意图和林大师教学设计的主旨，在名师的经典上演绎出了自己的精彩。

反思曲曲折折的探究过程，我对如何吸收和借鉴名师的经典课堂有了一定的感悟，现梳理如下，以飨同行。

1.要在理想和现实的碰撞中寻求平衡。有句话叫"眼高手低"，在我的课堂经历中其实多次碰到过这个问题。可能这也是其他经历成长的教师都曾经面临的困境。教学理想和现实之间必然存在一定的矛盾冲突，这并不可怕，没有问题出现或者对自己的课堂没有高目标的理想追求才是真正的可怕之处。以平和的心态面对自己现实的课堂，不自暴自弃，不怨天尤人，把对自己课堂的理想目标调低一点，找准自己的现实课堂出现偏差的真正原因，是使自己的课堂如名师的一样成功的起始环节。或者说，要设法在理想和现实的一次次碰撞中不断调整两者之间的差距，不断地寻求两者之间的最佳平衡点。在此次演绎名师经典课堂的全过程中，起始阶段的理想目标定得比较高，总想上出跟林大师一样的精彩，导致现实和理想之间的不平衡尤为显现。但我随后及时调整了心态和期望追求的教学理想，为后两次一次比一次更精彩的课堂奠定了坚实的基础。

2. 要在现实和实践的演绎中达成和谐。寻求理想和现实之间的平衡必须通过一次又一次的实践来达成，现实更是通过一次次的实践演绎出来的。每一次在现实中发现的问题和不足都需要通过下一次的实践进行有针对性的调整和补充。现实和实践之间是一种相互促进、相互依存的共容关系。只有当两者之间通过演绎不断达成和谐，才能使课堂真正发挥出生命活力。在本次研究过程中，笔者在同事们的指正下能及时发现现实中存在的问题，并针对问题进行调整，通过一次又一次的毫不气馁的实践为真正上出有自己特色的精彩课堂提供了一条坦途。

3. 要在实践和反思的交替中走向智慧。反思是促进课堂真正走向智慧的必备条件。在课堂实践前反思：全面预设自己的教学设计在课堂中可能会出现的各种情形，以期提前作好应对各种问题的心理、技术准备。在课堂实践中反思：课堂充满着各种未知因素，需要不断调整，需要及时对出现的问题进行反思，以期在接下去的教学进程中不再出现类似的问题或者能对之前出现的问题进行适当的补充和修正。在课堂实践后反思：课堂实践后必须有充足的时间对之前课堂出现的问题进行全面的梳理和正确的分析，悉心倾听别人的意见和建议，在下一次课堂实践之前形成对于解决问题更为有利、更为合理的方案。在这次实践过程中，正是因为有了一次次及时有效的反思，正是在一次次不断实践和不断反思的交替进行中，我才走出了一条演绎名师经典、富有自己特色的智慧课堂之路。

小改变大收益

——《方程的意义》两次教学设计带来的变化

浙江省天台县外国语学校　徐敏月

一、背景

本人参与了县里组织的中小学数学衔接的教学研讨会，本次活动使小学数学老师明确了究竟该怎样为学生的可持续发展奠基，为学生后面的学习铺垫；使初中数学老师明确了该如何找准起点，在小学的基础上进行有针对性的教学。当时作为小学老师的我定的教学内容是五年级上册的《方程的意义》，初中老师定的内容为七年级的《一元一次方程》，且在正式研讨之前我们都进行了几次试教。在整个过程中我不断地调整教学设计，改变教学方法，以期达到最佳效果。其中有一个教学方式的改变给我的印象和感触特别深，下面与大家分享。

过程描述：在《方程的意义》的第一次试教中，学生理解了什么是方程，通过判断知道哪些是方程哪些只是等式，然后利用韦恩图进一步明确等式与方程之间的关系。其中一个学生还能利用韦恩图表述"等式不一定是方程，但方程一定是等式"，学生们学得兴趣盎然，带班的老师听后也纷纷叫好。课后学生将当堂教学内容有关的练习完成，结果让我咋舌的事发生了。在一组式子中，分别将不同的式子分成三类，第一类是方程、第二类是等式、第三类既不是等式又不是方程。全班40位同学，只有一人将方程也填入等式，这一位学生就是总结出等式与方程之间关系的孩子，其他39位同学，在等式中只填了一个式子，所有方程都没有填入等式。他们的班主任老师说："这帮孩子真不争气，我这语文老师也听得那么明白了，竟然还错那么多。"

二、思考

是孩子不争气吗？大人能听明白，但我们的孩子就一定能听明白吗？我不得不承认我的教学方式存在着很大的问题，所以我及时反思我的教学过程，心想一定是我的教学在某一方面出现了问题。在第二次试教中，处理这个问题时，我更细心了一些，多问了一些学生，多讲了几次，但是作业的准确率还是不到50%。看来这样还是改变不了本质，我又一次陷入了苦恼。我回忆我的教学过程，问题到底在哪里？我在梳理等式与方程关系图时学生回答得都挺顺畅的，上课时学生都没有错的迹象，为什么作业中却错那么多呢？某日，耳边突然响起了徐长青老师在千课万人活动中上完课之后的一句话："上课不错下课错，下课不错作业错，作业不错考试错……"我一下子搞懂了学生错的原因，课堂上生怕他们出错了，给我的教学进程带来麻烦，于是课堂上我小心翼翼一步一步地扶着他们往前走，这样他们就没有出错的机会，课后没有老师扶，他们就错了……

三、调整

数学新课程标准提出让学生去经历，去动手，给他们留下的不仅仅是知识，更多的是经验。为此在课堂教学中我大胆地改变了教学方式。

课堂回顾：学生根据不同的天平状态写出式子20+30=50、100+x>100、100+x<300、100+x=250、40+x=100 、50+2x>180、3x=240、130+100=150+80。然后根据天平左右两边相等与不相等分成两大类。我引导学生认识并圈出不等式，这类知识将在初中进一步学习。在等式一组中进一步分类，明确方程的意义。在回顾总结环节中我让学生把属于等式的式子圈一圈，其中一位学生上台圈。当时这位上台圈的学生只圈了20+30=50、130+100=150+80，大部分学生都轻轻地说"错了"，这个学生犹豫了一会儿，突然明白把方程这部分也加入到等式中，进行了重圈。当时我及时追问："你为什么把方程也圈入等式呢？"他说："含有未知数的等式就是方程，方程必须先是等式。"此时大家不约而同地给他掌声。完成如下的一个集合圈。

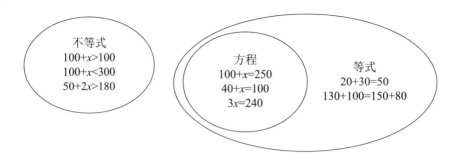

接着学生根据这个集合圈用自己的语言描述方程与等式的关系（方程一定是等式，等式不一定是方程）。原来由教师引导学生说，教师自己圈，到由学生自己去圈，就这样一个小小的教学方式的转变，便使学生在当堂练习中做方程与等式之间关系的题的正确率一下达到了92.5%。我终于露出满意的微笑。

四、感慨

其实，妙就妙在老师的撒手。有了老师的撒手，才有了孩子们的动手，老师也才能知道他们认识上的缺陷。确实，在课堂上，学生一直跟随着老师的想法，循序渐进地完成教学任务，没有多余的时间去消化他们学到的知识。无论他们听得多认真，感受得多充分，没有亲身经历都是无法达到深层次理解的。教学中的一些慢镜头，将学生的思维特点很自然地暴露出来，让他们有出错的机会。通过一个孩子的错和集体交流，更多徘徊在认知误区中的孩子们更清晰地明白了原因。真是一个小小的改变却提高了教学效率，使教学有效性得到了极大的提高。

这次活动更多地启示我：并不是老师讲明白了，学生就一定听明白了。学生是不是真听明白了在很大程度上还是要通过平时的作业反映出来。并不一定学生今天听明白了会做了，今后就一定不会错了，关键在于学生是否真正明白了知识与知识之间的内在联系，这才是最重要的。调整后的整个教学过程留给学生足够的思考和交流的空间，真正体现了学生是学习的主体，而教师只是起主导作用的教学新理念。

3

特色备课

备课过程中，最珍贵的就是那些属于自己的东西。独创性是备课特色和教学特色的灵魂。一个优秀的教师，一定长于创造性地进行备课，使自己的教学个性更趋于成熟，形成自己的教学风格。

传统的备课总是让教师束手束脚，把教学目标锁定在教参所涉及的范围中，不敢越雷池一步。而个性化十足的特色备课，强调不断创新，鼓励教师在创新的过程中提炼出自己的教学思想和教学资源，在备课内容的理解、备课思路的形成以及教学思想、教学策略上都强调鲜明的个性化色彩。

特色备课，成就教师的教学个性。

从《计算器》一课谈我的备课观

北京市第二实验小学　华应龙（特级教师）

"小和尚下山去化斋，老和尚有交代：山下的女人是老虎，遇见了千万要躲开。走过了一村又一寨，小和尚暗思揣：为什么老虎不吃人，模样还挺可爱。老和尚悄悄告徒弟，这样的老虎最呀最厉害。小和尚吓得赶紧跑：'师父呀，呀呀呀呀，坏坏坏，老虎已闯进我的心里来心里来。'"

每次听《女人是老虎》，我都忍不住直乐。"女人是老虎"——听起来就像一个哲学命题，而且这个命题历经千百年，还是那么有影响力，以至于现在的作曲家为此编歌。女人是老虎——说法好像很滑稽，但是在和尚的世界里，在和尚们的心中，女人确是一种很可怕又很可爱的动物，小和尚的心里话形象地概括了这种心态。

联想我们小学数学教学中涉及的《计算器》一课的内容，我突然有一种感觉：计算器就好比那"山下的女人"，我们的学生就是那"小和尚"，而我们数学老师，似乎就是那"老和尚"。

当今社会，计算器在我们身边是无处不在的。我在北京作过调查，100% 的二年级小学生都认识并会使用计算器。但是，我们做教师的常常有一种担忧：我们的学生是否会抵制不住诱惑，与计算器的接触过度亲密？产生依赖心理，计算能力降低了怎么办？而计算器就像"山下的女人"是藏不住也躲不掉的，我们又该怎么办？不知道。因此，在以往学计算器的课上，我们会带着学生认识数字键、运算符号键、显示屏，教给学生怎样开机、关机，会板书一串一串的按键程序框图，一节课就对付过去了。教师就像那位"老和尚"一样做无用功！

语言的暧昧，源于理论的模糊；行动的迟疑，由于认识的混沌。其实，以前的《计算器》课，我们教的都不需要教，教学并没有起到应有的促进作用。是回避，还是引导？经过几番思考，我认识到"教是因为需要教"。这与叶圣陶先生的"教是为了不教"并不矛盾。叶老是从教学的终点来说的，而我是针对教学的起点而言的。

让学生体会到什么时候该用计算器，什么时候不该用，知道怎么看待计算器显示的结果；厘正学生对计算器的错误认识；介绍给学生两个非常有用但他们还不知道用的功能键，让学生享受借助计算器而超越计算器的快慰。教师的价值体现在学生使用计算器过程中出现问题时的指导上，这是我对当下教学《计算器》的目标定位。

要达到这样的目标，就得设计一些让学生出错的教学环节。为什么呢？因为课堂因差错而有价值，而有生命力！教学是要"防微杜渐"还是要"亡羊补牢"？是应该"堵"还是应该"疏"？我认为，我们的课堂教学不应该有意识地去避免学生犯错误。课堂是学生出错的地方，出错是学生的权利，帮助学生不再犯同样的差错是教师的义务。明白的人明白的算理是一样的，不明白的人却各有各的困惑，只有让学生暴露出困惑，教师方可对症下药。

有了比较正确的认识和针对性较强的目标定位，我的教学思路就清晰起来了。

一、关于课题

备课之初，我考虑的是"你会用计算器吗"这样一个从教师角度来设问的句子；后来，想以不断地自我追问"我会用计算器吗"来贯穿全课，体现了学习是学生的自主建构的理性认识和培养学生反思智慧的高度自觉。应然的课堂和实然的课堂较好地达到了一致，我非常满意。

二、关于课始的三道题（见附录）

人们在生活中是十分相信计算器的，甚至是"迷信"："人家用计算器算的，还会错吗？"课上，那位学生认为"2345-39×21等于48426也是对的"就是例证。计算器算出来的结果一定对吗？

三道题中加法、减法、乘法、除法等四种运算都有，但一题有一题的功能。在组织学生交流完感受后，教师的概括是：

第一，为什么要用计算器？或者说，什么时候才用计算器？遇到大数目的计算才用计算器来帮助，并不是所有计算都需要用计算器。

第二，要真正用好计算器，首先要熟悉你的计算器，正如孔子所言："工欲善其事，必先利其器。"要搞清楚你所用的计算器是聪明型的还是傻瓜型的。像第三题，用聪明型的计算器，当然可以直接输入了；用傻瓜型的计算器，最好学会用"M+"和"MR"这两个键。

考虑到可能有学生用"倒减"的方法来解决记忆中间数的问题，我设计了一道练习题："20655÷（27×45）=？"，对全班同学是巩固，对提出"倒减"的同学是提醒，"凡事都是有利有弊的"。

第三，使用计算器时要注意运算顺序，并可以用估算来帮助验算。

实际的教学进程基本符合我的预设。

三、关于"猜数字"游戏

借助计算器运算，可以让我们发现一些数和运算的美妙。但对于一些传统的题材，在这节课中我都进行了教学加工，不只是一种展示和欣赏，更多的是一种激发和挑战。

我们熟知的：

12345679×2×9=222222222

12345679×3×9=333333333

12345679×4×9=444444444

……

我把它加工成了妙趣横生的"猜数字"游戏，吸引了孩子们的眼球。由乘变除，更加巧妙地彰显了计算器的优势。

在这节课上，我正视并接纳学生学习过程中的差错。课中创设的

"猜数字"游戏，由于数位多确实需要用计算器，但正由于数位多，学生可能会把9个"5"输成8个或10个"5"，"12345679"也可能输成"123456789"。"计算器算的也会错？"分析错因的过程，就是学习使用计算器的过程。

课前，我用计算器尝试了学生可能出错的各种类型，以便自己心中有数。但在执教过程中，又不是直接指出学生错在何处，那样就剥夺了学生自己"反省"的机会。想到郑板桥"难得糊涂"的名言，课上的我假装糊涂，学生报出"2.700000022"时，我愣住了，好像被难住了，过了一会儿才说"你算错了"，这样给学生的印象是老师思考后作出判断，应好好"反省"。板桥先生说"由聪明而糊涂难上加难"，看来也不一定，只要把学生放在主体的位置上，做老师的就容易"糊涂"了。

四、关于"挑战题"

根据大家熟知的"对称的数学金字塔"，我加工成了"22222222 × 55555555=？"这样更富于挑战性的题，恰到好处地渗透了"化难为易，化繁为简"的转化思想，同时让学生领略了数学的美妙。学生在解决这样有挑战的问题时，可能会想出竖式计算，教师再结合竖式可以引导学生初步认识到"对称的数学金字塔"美的原理。

$$1 \times 1=1$$
$$11 \times 11=121$$
$$111 \times 111=12321$$
$$1111 \times 1111=1234321$$
$$11111 \times 11111=123454321$$

……

另外，我还设计了一道"试一试：999999999 × 999999999=？"以巩固"化难为易，化繁为简"的转化方法。

整节课从看清数据、准确输入，到灵活选择运算法，再到借助计算器解决计算器不能直接解决的问题，进而超越计算器，在这拾级而上的过程中，巧妙地运用了学生的差错资源。在解答"挑战题"时，一位男生说："用 2×8 的结果乘以 5×8 的结果"，学生们愣住了，继而少数学生笑了；我带着学生们一起算，"640"，笑的人更多了，声音更响了。我说"不过，我很佩服这位同学，在计算器没法计算的情况下，他想到自己动脑子了！"，并带头鼓掌。

由于课上生成了一些没有预期的环节，"试一试"没有时间展开了。但下课时，学生看到我关机露出了"试一试"的题目，不依不饶硬要做。学生的兴趣已被激发出来，他们已经"祖传秘方"在手，很想小试牛刀了。

学生解出这道"挑战题"后，我打算用华罗庚先生的"善于退，足够地退，退到最原始而不失重要性的地方，是学好数学的诀窍"来总结。虽然他的话说得浅显易懂、深刻实用，但我更想让学生尽早知道被外国人十分尊崇而很多中国人并不知晓的我国第一位哲学家老子的言论。于是我选择了普适性更强的"天下难事，必作于易，天下大事，必作于细"。两者都用的话，叠床架屋并不好。

五、关于课尾的总结

按照陈省身先生"数学好玩"的思想，我觉得小学阶段的计算器就是玩具，整节课就是玩计算器的。因此，最后的结语，最初的设计是改古人"玩物丧志"为"玩物生智"。后来回顾全课，三读课题，学生每一次说的"会"都是真话、实话，但每一次都是高一个层次的，所以板书"学无止境"更好。一是更适切，二是学生更明白词语的含义。

课堂不是能够完全预设的，但由于认识的到位，在课堂中有了教师和学生情感、智慧、思维、能力的投入，看到了预设的巧妙，看到了生成的精彩，圆融的氛围让师生都舍不得离开课堂……

通过《计算器》的教学，我感悟到，要备好自己的课，先要备好自己这个人。伟大诗人歌德说过："责任就是对自己要求去做的事情的一种爱。"如果教师对《计算器》是怕而不是爱，是不会尽到做教师的责任的。试想，以前我们的教师是以那位"老和尚"的心态来教学的，还能够享受到这样令人心仪的诗意境况吗？有思就有诗。备课的关键在于我们自己肯于独立思考。

<h2>附　录</h2>

<h3 style="text-align:center">《计算器》课堂实录</h3>

一、尝试中学，体验计算器使用中的困惑

师：（在黑板上贴出一张计算器图片）认识这个吗？

生：（齐）认识！计算器。

师：是啊，地球人都知道。那你在哪些地方看到过呢？

生：售货员那里。

生：商店，买东西的地方。

生：会计那里。

生：家里也有。

生：妈妈的单位。

生：我妈妈是干统计的，今天我带的计算器就是她借给我的。

生：电脑里有。

师：（抬腕）我这个手表上也有。能说得尽吗？

生：说不尽。

师：在我们的身边，计算器是无处不在的。那么……（老师的话语停住了，开始板书，和黑板上的图片组成一句话："我会用计算器吗？"在老师板书的时候，每一个学生都随着每一笔板书猜测老师要写的字。）

师：问问自己。

生：（齐）我会用计算器吗？

师：会吗？

生：（胸有成竹，异口同声地）会！

师：真的会吗？

生：真的会！

师：（风趣地）那我要下岗了，这堂课不要上了。都会啊？那行，就考考你自己吧。这里有三道题——

①57734+7698=　②56÷7=　③2345-39×21=

师：看看你自己是不是真的会用计算器，看谁算得又准又快，开始。

（学生开始用计算器计算）

师：第一道题等于多少？

生：65432。

师：第二道题不用说了吧？有用计算器的吗？

生：（用了的，没用的，都有。）

师：第三道题呢？

生：1526。

师：还有其他的答案吗？

生：48426。

生：1358。

师：不过大多数同学都是哪个答案？

生：1526。

师：究竟哪个答案对呢？

生：我们的1526。

师：大家都认为1526是对的，其实也就是这种做法。

（课件出示：③2345-39×21=2345-819=1526）

生：其实48426也是对的。不过，可能她的计算器是算术型的，不知道先乘除后加减。

师：是谁不知道先乘除后加减？

（众生看着报出"48426"的同学，语气中有些谅解："是她。"也有个别同学说"是计算器"。）

生：因为如果是科学型计算器的话，应该知道先算39×21；要是普通型的话，按顺序输入就会先计算2345-39的得数然后再乘21，所以等于48426。

师：（作恍然大悟状）噢，真佩服！大家的计算器可能大多不是科学型的，不是聪明型的，而是傻瓜型的，就像傻瓜照相机一样。傻瓜型的计算器就会按输入顺序计算，算下来的结果就是48426。我很佩服刚才这个同学的分析。其实开始出现这个结果的时候，我们还可以用估算来分析一下，是不是？谁来说说怎样用估算来判断？

生：先把2345约等于2300，然后把39约等于40，21约等于20，20乘40等于800，2300-800=1500。

生：还可以更简单地估算。2345减去一个数不可能大于2345。

（报出"48426"的同学，羞愧地点点头。）

师：看来估算挺有用的，关键是我们要养成用计算器计算之前或之后估一估的习惯。

再看看第三道题。科学型的计算器知道先乘除后加减，我们可以直接输入最后就得到结果。如果是普通型的计算器，我们很多同学都会记下中间得数"819"，还有没有好办法？

（同学们在沉思。一男生说：算出"819"后，就用"819-2345"，再把得数的负号去掉，就是结果"1526"。）

师：试一试，行吗？

（学生们尝试之后，频频点头，流露出佩服的眼神。）

师：是个好方法！那再练习一道题：$20655 \div (27 \times 45) =$？

（学生尝试之后，无奈地摇摇头。）

师：不用笔记下中间得数，有没有一般的通用方法呢？

生：（绞尽脑汁地思考，还是没有想到其他的方法。）

师：那好，在普通型的计算器上是不是有这两个键"M+""MR"？知道这两个键有什么用吗？

生：不知道。

师：好，那我就不下岗了。有了这两个键，即使是普通型的计算器也不用笔来记那个中间结果了。怎么做呢？先按"39×21"，然后就按下"M+"，计算器上显示结果是"819"，按"M+"的目的是将"819"储存下来，就是把这个结果记在计算器里面了。然后，再输入"2345-"，再按"MR"就把819调出来了。

生：（恍然大悟地）啊！

师：会啦？（板书：储存，提取。）那试一下。

生：（兴致勃勃地开始试验刚学到的方法，喜形于色。）

师：好了，都会算了吧？那再做刚才的这道题：$20655 \div (27 \times 45) = ?$

（学生们很乐意地练习，都得到正确结果"17"之后——）

生：华老师，那个"GT"是什么意思？

生：华老师，那个"MU"是什么意思？

师：（想了想）我不知道。

生：（众多学生一声叹息）唉——

师：那怎么办呢？

生：去问您的老师。

师：如果我的老师也不知道，那怎么办呢？

生：（开玩笑地）问您老师的老师。

师：真逗！想一想，有没有办法。

（学生思考了一会儿，一位男生说"看说明书"，众生附和，老师竖大拇指。）

师：那么这几道题做完以后，你有什么想法？有没有学到些什么？

生：我觉得计算器非常实用，而且非常简便，得数也非常准确。

师：非常准确？那刚才第三道题有同学算出"1358"，是怎么回事呢？

生：我觉得可能是按错键了。

师：对啊，也就是说用了计算器并不能保证计算一定正确。首先要正确地输入数字。好，还有补充吗？

生：我认为计算器一般来说比人的脑子要快一些，因为有些同学口算是困难的，比如说 39×21 是不可以用口算来解决的，就可以用计算器很快算出结果。

师：对，像 39×21 这种题口算起来比较麻烦，我们就用计算器，那么像第二道题呢？

生：很简单啊！

师：还用不用计算器啊？

生：不用。

师：这就是说，我们首先要判断该不该用计算器。

另外，第三道题告诉我们：要正确地使用好计算器的话，还要了解自己用的计算器是聪明型的还是傻瓜型的。

生：我们以前对"M+""MR"还真没注意呢，现在就不用笔把中间结果记下来了。

师：好了，现在会用计算器了吗？

生：会了。

师：（指向课题）再问一下自己。

生：（齐）我会用计算器吗？

师：会吗？

生：（声音洪亮地）会了！

二、游戏中学，感受使用计算器的前提

师：好，这次声音比上一次响了，有底气了，"我会了"。下面我们用计算器来玩一个"猜数字"的游戏。从"1—9"这9个数字中选一个你最喜欢的数字，别说出来，想在心里。例如我最喜欢数字"2"，然后就输入9个"2"，再把它除以"12345679"。除完以后你只要把结果告诉我，我很快就能知道你最喜欢的数是几。

生：（充满怀疑地）嗯？

师：不信？试一试。

生：（认真地计算起来）

师：算出来了吗？谁来告诉我你的结果？

生：结果是2.700000022。

师：（思考一会儿）现在我告诉你，你算错了！你可以重算一遍，看看错哪儿了。

生：72。

师：你喜欢的数字是8。

生：（惊讶却又很佩服地）对！

师：谁再来试试。

生：27。

师：你喜欢的数字是3。

[与老师同步，有个学生（生A）也说出了答案"3"。]

师：嗯？你也会了？那哪位会哪位来，我下岗。（示意生A来猜）

生：我算出来的结果是45。

生A：你喜欢的数字是5。（好多同学异口同声地说出了答案。）

生：5.40000004374。

生A：5.40000004374，嗯？错了！

师：看来你真的会猜！同学们知道诀窍在哪了吗？

生：知道！得数除以9。

师：真棒！刚才得出"2.700000022"的同学，你再算一遍，也可以重选一个数字试一试，然后想一想错在哪里了。

（老师巡视。有学生和老师探讨"怎么还是这个结果？"，老师没有告知，而是说"再查查吧！"）

师：算完了吗？有的人错了但可能还不知道问题在哪。哪位同学来说说？

生：我喜欢的数字是"1"，我输入9个"1"然后除以"123456789"，得出来的数字是0.900000007。

师：谁来帮她分析？

生：屏幕上的数没有"8"，你把"8"给输进去了。

师：其他算错数的同学是不是也把"8"给输进去了？

生：（部分同学有些羞愧地说）是。

师：现在再算一遍。

生：（那些同学高兴地举起手，轻声地对老师说）这回对了！

师：（摸了摸学生的头）看到你的笑容我真高兴，有的时候观察不仔细那可麻烦了。

师：好，算完了吗？这个游戏好玩吗？

生：好玩。

师：玩过之后，有什么收获呢？

生：自己要把数据看准确，而且操作要精确。

师：说得真好！要用好计算器，首先得看清数据，正确输入。

生：我知道了计算器不光是帮助人们计算的，还可以用它来玩。

三、视听中学，了解计算工具发展的历史

师：是啊，如果没有计算器，能玩这个游戏吗？有了计算器，可以让我们更多地领略到数学王国的奇妙！那关于计算工具发展的历史，你知道吗？我们一起来听个故事。

（课件出示相应画面并播放录音：在远古时代，人们是用石子计数或者结绳计数的。两千多年前，我国使用的计算工具是"算筹"。一千多年前，我国又发明了算盘使计算的速度加快了。四百多年前，法国和德国数学家发明了可以计算加减乘除的机械计算机。五十多年前，美国人发明了世界上第一台计算机，每秒可以运算5000多次。现在世界上运算最快的计算机每秒可运算1000万亿次，原来需要几十年时间运算的题目，现在只需要1秒钟就可以完成。）

师：听完计算工具发展的历史，你们有什么想法？

生：现在科技飞速地发展，以前比较笨重的计算机发展到台式电脑，现在又从台式电脑发展到手提电脑，让人们使用起来更加方便。

师："飞速"，这个词用得好！

生：随着世界的发展，许多东西在不断地改变，计算机也是其中的一项。许多科学家为了给大家带来方便，给大家研究出了更先进的计算机。

师：是啊，计算机的功能这么强大，其实都是人创造出来的。

生：我看到计算器的时候，就想起来古代的一个故事。古代的人用结绳计数。有一个人，他的师父让他买两匹马和一辆车，他就在一根绳子上结了两个疙瘩，在另一头结了一个疙瘩。可是到买的时候，他搞混了，买了两辆车一匹马。买下以后就让那匹马拉着一辆车，自己拉着另一辆车往回走。回去以后，师父说下次可不能再错啦。又有一次，他又给混淆了，应该买一斤肉两斤豆角，他给买成了一斤豆角两斤肉了。师父高血压不能多吃肉，就把肉给放烂了。

师：谁来评价她讲的这个故事？

生：这个故事有点嘲笑古代结绳计数的方法。

师：嗯，那你觉得结绳计数的方法该不该嘲笑？

生：不能嘲笑，因为那也是历史的一部分。

师：这位同学说得真好！大家来看数学的"数"（板书：数），这左边的"娄"其实就像一根绳子打了很多的结。（摸摸讲故事的小女孩的头）这个故事讲得很有趣的。

四、挑战中学，享受借助计算器而超越计算器的快慰

师：既然人们发明了这么好的计算器，我们就应该更好地运用它。那现在我们都会用了？（手指课题）我们再问问自己。

生：（齐）我会用计算器吗？

师：会吗？

生：会！

师：那我们来挑战一下自己，好不好？

生：好！

师：（板书：22222222×55555555=？）

生：（埋头苦算中……有的在抱怨说计算器容不下，有的很快算出了结果。）

师：谁来说说结果？

生：1.234567877 E15。

生：1.234568 E15。

生：1.234567877 15。

师：谁还有其他的结果？

生：$1.234567877 \times 10^{15}$。

师：用普通计算器的有没有结果？

生：E12345678。

生：E1234567876。

生：1.2345678 15。

生：12345678E。

师：还有结果？不用再报结果了。你们有什么疑问吗？

生：怎么会有这么多不同的结果的？

生：大家用的计算器不一样结果也就不一样。

生：难道这么多结果都是对的吗？

师：是啊，你们说这么多结果，哪个才是对的呢？

生：（迷茫地）不知道啊。

师：那正确的结果究竟是多少呢？你们现在碰到了什么麻烦？

生：计算器装不下。

师：那现在我们能不能把正确结果找出来呢？前后四个同学一小组想想办法吧。

（学生小组讨论了两分钟）

师：商量了，现在找到办法了吗？

生：（垂头丧气地）没有。

师：我告诉大家——这里面确实是有正确结果的。不过，我们看不懂，要等到上高中才能学到，是一种科学的计数方法。其实，这个数乘起来会不会是1点几啊？不会，它是1点几几乘以10的15次方，10的15次方表示有15个10相乘，其实是我们同学不明白。那我们明白的结果能不能想出来呢？

生B：我觉得用2×8的结果乘以5×8的结果。

（同学们愣住了，继而少数学生笑了。）

师：好，大胆的想法！那现在大家一起算一下。

生：（齐）640。

（笑的人更多了，声音更响了。）

生B：我错了。

师：哦，他自己就发现错了。不过，我很佩服这位同学，在计算器没法算的情况下，他想到动脑子了！

（老师带头鼓掌，学生们也鼓起掌来。）

（又等了十几秒钟，学生似乎仍然摸不着头脑。）

师：看来我们是山穷水复，找不到路了，是吧？

生：（齐）嗯！

师：（神秘地）我有"祖传秘方"。

生：（惊奇地）啊？

师：想知道？

生：想！

师：组长把那个装有"祖传秘方"的信封打开，小组里每人一张。

生：（看完以后，恍然大悟地）噢——对！对！（纷纷开始了计算）

师：好了，算完了吗？

生：完啦！

师：最后结果知道了吗？

生：知道啦！

师：咱们来交流一下？ 2×5 用计算器算了吗？

生：没有。

师：22×55 是不是要用计算器啦？

生：是！等于 1210。222×555=123210。

（师板书：2×5=10

22×55=1210

222×555=123210）

师：要不要再往下算啦？

生：不要！

师：如果你还没有看出来，就可以再往下算一算。算完以后，回头一看，那人却在灯火阑珊处。发现什么规律了？

生：从 1 往后写到因数的位数，再倒过来写，再在最后加一个 0。

师：是这样的吗？

生：是！

师：这个同学说得非常准确。（手指着得数）从 1 开始，乘数是几位数就写到几，倒过来再写到 1 再加一个 0，是不是这样一个规律呀？

生：是！

师：算完以后，你们现在有什么想法？

生：我觉得看起来这个数字很庞大，用计算器算有些不便，但是掌握了这里面的技巧，这么大数用脑子就可以算出来，说明计算器不是万能的。

师：说得好，还有不同的想法吗？

生：我觉得也可以把这种计算归集于简算那一类。

师：像简算，好，好，你这么想，行，行。

生：这么大的数据在计算器上却不是正确的，然而用人的智慧却可以算出准确的答案，可以说人比计算器更聪明。

师：说得好不好？

生：好！（鼓掌）

师：刚才有个同学问得特别好，他想：为什么是这样的一个规律啊？来，一起把这个结果说出来。

生：（齐）1234567876543210。

师：对呀，太奇妙了！为什么呢？（停顿，学生思考。）我们一起来欣赏后边那位女同学（生C）的计算过程。

（投影学生计算过程：

$$
\begin{array}{r}
22222222 \\
\times\ 55555555 \\
\hline
111111110\ \ \ \ \ \ \ \ \\
111111110\ \ \ \ \ \ \ \\
111111110\ \ \ \ \ \ \\
111111110\ \ \ \ \ \\
111111110\ \ \ \ \\
111111110\ \ \ \\
111111110\ \ \\
111111110\ \ \\
\hline
1234567876543210
\end{array}
$$
）

生：（惊讶地）哇！（惊讶之后又笑了起来）

师：笑什么？

生：我笑她太笨了。

生：我觉得像金字塔似的，斜的。

生：我觉得列竖式算下来实在是太复杂了！

师：我们一起来看竖式，111111110 依次地往前移一位。移到最后，我们从上往下看，有一列"1"最多，是几个？

生：8 个。

师：为什么是"8"个呢？

生：（稍加思考）因为有 8 个 5 相乘。

师：（满意地点点头）现在再看这个算法好不好？

生：好。

师：给我们解释了为什么会是那样一个奇妙的结果。所以有时候笨方法还是很管用的。最基本的往往是最有用的！你们看，你们不是觉得计算器挺好吗？但你们的计算器算得出来吗？我们那个女同学用这种方法算出了结果。

生 C：其实我这个方法也不能说它是笨办法，因为 5 乘 2 最后一位是 0，然后进位，也就是 8 个"1"和 1 个"0"，底下的数是一样的，就不用算了，只是向前挪一位就可以了，然后相加就行了。

师：好不好？

生：好！（热烈鼓掌）

师：是不是很笨啊？是不是每一个都要去乘啊？

生：不是。

师：它一样也是有规律的。并且我觉得更难得的是，她敢于和善于捍卫自己的想法："我的想法是有道理的，不是特别笨的。"

生：华老师，如果这个数要是再往大扩展的话，用她这种方法就容易糊涂了。

师：是啊，写着写着如果对错位了的话，就算不对了。是啊，如果再多呢，这个规律就不是很容易发现的了，我也不想告诉大家，如果你有兴趣课下可以自己去寻找。

师：现在想想这个"祖传秘方"好不好？

生：好！

师：那回过头来想想，开始我们觉得这道题难，是不是？（板书：难）那难在哪呢？

生：数太大！

师：而我们现在的方法呢？

生：简单了。

师：（板书：易）其实这个秘方是我们的祖先老子告诉我的。（课件出示：天下难事，必作于易，天下大事，必作于细。——老子）

生：（齐读）

师：（板书：天下难事必作于易）由容易的入手，我们先发现规律，再用规律去解决那难的问题。行了，孩子们，"祖传秘方"理解了？再问问自己。（手指课题）

生：（高兴而有意味地齐声问道）我会用计算器吗？

五、课堂总结

师：那学完这堂课有什么收获？

生：计算器里有很多道理需要我们继续学习。

生：计算器的键盘还需要我们更深入地了解，正确地使用。

生：我希望以后能制造出有更多位的计算器。

生：计算器的得数不一定是最准确的，而且要用一点技巧才能算得准确。

生：天下没有一件东西是十全十美的。

生：计算器到处都能看到，假如说把它当作摆设的话，我认为把它制造出来没什么用处，我们应该在需要用的时候去运用它。

师：也就是古人说的那一句话："运用之妙，存乎一心。"关键看你是不是用心来用它。（手指课题）再问一遍自己！

生：（响亮地、自豪地齐声问）我会用计算器吗？

师：这节课，我们一遍一遍地问自己，"我会用计算器吗？"同学们的回答总是"会"，从后往前看，其实都不能算完全的"会"；但从

前往后看，确实都是"会了"，不过"会"的水平是越来越高了，真是应了那四个字——（板书：学无止境）

下课。

（该实录由赵铂楠老师整理）

备课是有技巧地预设框框

北京中学　夏青峰（特级教师）

备课的重要性，已不言而喻。在新课程改革背景下，部分年轻教师以"课堂应该是个动态生成的过程"为理由而轻视备课，认为备课就是预设框框，这种认识是十分片面和有害的。没有充分的预设，就不可能出现丰富而有价值的生成！

备课，需要集体的交流与合作，但更需要个体独立的思考与求索；备课，不是固定的程序和技巧，它更主要的是一种观念与精神；备课，是时时刻刻的反思和一生的准备。

进行成功的备课，应该不断关注以下四个方面。

一、为何而学

这是涉及目标和价值的问题。

为什么要学习数学？为什么要学习这部分的数学知识？学习它，对学生的成长有好处吗？有哪些好处？通过学习，需达成什么样的目标？备课时，我们的脑海中必须不断地浮现这些问题。只有搞清楚了这些问题，备课才会有方向。

1. 数学是什么？

一个优秀的教师，必定会经常反思。在备课时，应认真思考数学本真的问题，细心揣摩课本中的每个概念，不唯书是从。

（1）"含有未知数的式子叫方程。"判断错误。应把"式子"改为"等式"才对，我们一直这样教学生、考学生。可这样改，就是绝对真理了吗？我们从未思考过。张奠宙先生曾在《小学数学教师》上撰文说："其实，含有未知数的等式叫方程，也并非方程的严格定义，它仅是一种朴素的描写，并没有明确的外延，是经不起推敲的。首先，改成'等式'二字也未必准确，实际上应是'条件等式'才对。因为含有未知数的恒等式不是我们要研究的方程，例如，$x-x=0$，对一切 x 都对，何必解呢？反过来，把解'含有未知数的不等式'，称为'解不等式方程'，也可以说得通，无非是大家约定俗成而已。"看了这段话，我们有何感想？

（2）"圆周长的一半等于半圆的周长。"判断错误。究竟什么是半圆呢？如果说圆是一条定点到定长的封闭曲线，那半圆不就是这曲线的一半，这不正好是圆周长的一半吗？把直径纳入进去形成半圆，不就承认圆是一个块而不是线了吗？有一天，我突然醒悟并为此感到兴奋，和老师们交流，老师们也大呼其对。可是过几天，我还是不放心地去翻了《数学大辞典》，它明确告诉我"半圆就是半条弧和直径所组成的图形"。我空欢喜了一场。这个知识点其实是次要的，关键是我们花了那么长时间，去让学生搞懂连自己也不确定的东西，其价值何在呢？

（3）"0"一直是整数而非自然数，为这，教师和学生都没少费脑筋，可现在"0"也加入了自然数的行列；"5 个 3 是多少？"也可以写成"5×3"了；"把 6 个桃平均分成 3 份"，操作时，直接拿 2 个放在一个盘子里，也不是科学性错误了。难道数学是可以改变的吗？

（4）9 月 1 日，我去随班听课。先是听五年级的数学课，内容为小数乘法的意义。教师花了很大力气去让学生搞清：4×5 是表示 5 个 4 相加是多少或 4 的 5 倍是多少，4×0.5 是表示 4 的十分之五是多少，4×1.5 是表示 4 的 1.5 倍是多少。有些学生还是有些糊涂，教师便帮助他们总结规律：要看后面的数是大于 1 还是小于 1。小于 1 的，就是表示这个数的十分之几、百分之几是多少……大于 1 的，要看是整数还是小数，是小数的，就是几倍；是整数的，可以有两种表示方法……学生更糊涂了。第二节课去听六年级数学课，正好是讲分数乘法的意义。又出现了上述情形，只不过把小数换成了分数。学生们一半清醒一半蒙。"倍"的概念，究竟是什么？如果无关紧要的话，把 4×0.5 说成 4 的 0.5 倍又何妨呢？！至少可以少难为一点我们这些可爱的孩子们。

数学，就是人们的一种主观建构，从某种程度上说它就是无中生有。我们不能动摇数学的客观性，但我们也应该关注数学的主观性。备课中，我们在关注数学事实的同时，更应该关注学生的数学经验。我们要让数学从静态走向动态，从客观走向主客观的结合。

2.学数学，为了什么？

心中有无全局观念，决定了备课的质量高低。学习数学，最主要的是为了促进学生知识和素质的全面和谐发展。如果是因为数学的学习，而阻碍了学生的发展，那么越是精心的设计，就越是有害的。在备课时，我们必须防止"南辕北辙"的错误。

【案例1】《求两数相差多少的应用题》教学

（教师出示例题：草地上有9只白兔，5只黑兔，白兔比黑兔多几只？）

师：同学们会列式吗？谁来试试？

生：9-5=4（只）。

师：真好！（板书）谁能说说这里的数字9表示什么吗？

生：9表示9只白兔。

师：不错。那5表示什么呢？

生：5表示5只黑兔。

师：同学们，这里的5并不是表示5只黑兔，而是表示5只白兔。

（学生有些诧异：明明是黑兔，怎么一下子变成白兔了？）

师：我们看，这里面是把谁和谁在比？

生：白兔与黑兔。

师：是的。因为白兔多，所以我们可以把白兔分成两部分：一部分是与黑兔同样多的部分，另一部分就是比黑兔多的部分。（教师在黑板上分别贴上示意图）

（学生跟着老师重复刚才上面的话）

师：这道题要求白兔比黑兔多几只，应该怎样想呢？

生：9减5。

师：就是把9只里，去掉哪一部分，剩下的就是白兔比黑兔多的只数？

生：同样多的部分。

师：也就是从9只白兔里面，去掉与黑兔同样多的5只白兔，剩下的就是多出的只数了。

师：所以这里的5，表示的是与黑兔同样多的白兔，而不是黑兔。明白了吗？

（学生昏昏然）

师：谁来说说看？

（生机械地重复着）

如果我们关注数学的结构与算理多于关注孩子们的认知现实，如果我们总试图训练孩子们的"专家思维"，那么"老师不教我还会，老师越讲我越糊涂"的现象就会逐渐增多，所谓的"数学差生"也就普遍了。本来为孩子们发展服务的数学，竟然让孩子们越学越玄乎……备课时，我们必须摈弃那些人为的"烦琐分析"，让数学回归本真与简单。数学的学习，一定要给孩子们带来信心与乐趣。

二、学习什么

这是涉及学习内容的问题。

哪些内容是有价值和重要的？哪些内容可以作教学法的加工，使其能更好地促进学生身心的发展？怎样选择教学资源与教学材料？我们在备课时，应予以反复掂量。

【案例2】《两位数乘法》练习

A练习：

计算下面各题：

43×65= 29×47= 63×75= 86×91= 29×44=

……

B练习：

（1）用计算器算出 15×15=？

（2）根据以上计算结果，不计算，你能知道 14×15 等于多少吗？14×16 呢？

（3）用计算器算出 25×25=？根据这个结果，不计算，你能知道 24×26 等于多少吗？

（4）不计算，你能知道下面的结果各是多少吗？

35×35=　34×36=　45×45=　44×46=

……

（5）你发现了什么？你能表述它吗？你能证明它吗？

当我们津津乐道于我们良好的数学基础的时候，是否想过我们为此花费了多少宝贵的时间？是否想过这些究竟对人的生活有多大价值？它对学生的思维发展是促进了还是禁锢了？数学课程标准已经作了很大的改进，但是我们的数学课堂呢？大量的机械烦琐的计算练习仍然充斥于我们的课堂。当算术占去了数学的绝大部分内容时，它的价值已经走向了负面。备课时，我们思考过这些吗？我们是习惯于用 A 练习，还是 B 练习？

【案例3】《两步计算应用题》教学

出示例题：小明和小华到店里买牛奶。已知小明买 5 瓶牛奶花去 15 元，照这样计算，小华买 3 瓶牛奶需花多少钱？

A 教学：

师：要求 3 瓶牛奶多少钱，实际上就是求什么？

生：求总价。

师：总价等于什么？

生：总价＝单价×数量。

师：数量 3 已经知道，现在关键要知道什么呢？

生：关键是要知道单价。

师：怎样才能求出单价呢？

生：用 5 瓶的总价除以 5 瓶的数量。

……

B 教学：

师：能知道答案吗？先试试。

（学生解答）

师：谁来交流一下自己的解法？

生：……

师：平时你们到商店买3瓶牛奶，要算多少钱时，是怎么想的？

生：想1瓶多少钱，然后乘以3就行了。

师：好！谁还有其他解法？

……

我们总是特别注重对应用题的数量关系进行分析，经常尽心竭力地为学生总结出各种数量关系式，让学生记住。遇到什么问题，就运用什么关系式。可是有时候，恰恰是这些数量关系式把问题搞得很复杂，让学生头脑发昏。我们反思一下，很多数量关系式究竟是提高了知识的概括水平，还是降低了知识的概括水平？

【案例4】《圆的周长》练习

A 练习：

（1）求下面各圆的周长：

d=3 厘米　　d=7 分米　　d=19 厘米

r=5 厘米　　r=8 米　　r=4.2 分米

（2）一个圆形花坛的半径为3米，它的周长是多少米？

（3）一个圆形水池，周长是37.68米。它的直径是多少米？

（4）一个圆的半径扩大了2倍，它的周长扩大多少倍？

……

B 练习：

（1）用圆规在纸上画一个圆。你能知道它的周长吗？

（2）手指的截面形状近似圆形。量量算算，估计每个手指尖的粗度大约在什么范围之内。

（3）每位同学拿出自己的墨水瓶。有办法知道它底面的周长大概是多少吗？

......

当学生未学圆周长计算公式之前，让他去求墨水瓶底面的周长，兴许他还知道用绳子一绕就行了，但是学习过后再让他去求时，他是怎么也想不到用绳子去绕绕，而是想方设法地测量底面的直径，可测量直径却是很费劲的……教什么就学什么，学什么就练什么，数学学习的过程成为了技能不断训练的过程。技能熟练了，但很多时候思维却僵化了。爱迪生的助手计算灯泡体积时出现的现象，在我们数学教学中也屡见不鲜。

三、怎么学

备课时，一定要换位思考：假如我是学生，我已经知道了什么？我会怎么做？我更在乎什么？

1.学生已经知道了什么。

我们一直在想办法教学生数学，可在我们教之前，学生头脑中有多少数学，我们知道吗？教学，要密切联系现实。这现实，不仅是现实生活，更是学生头脑中已有的现实数学！

我们的教学，往往是"零起点"。我们总是把学生当成一张白纸，尽情地在上面画最新最美的图画。我们不断地去钻研教材，研究教法，我们什么时候去调查过学生？我们总是在假设学生的思维，假设学生的基础，假设学生的兴趣，我们关注的是学生的"应然状态"，而非学生的"实然状态"啊。

我们关注过学生的"街头数学"吗？学生生活在不同的社区，生活在不同的家庭，在他们每天走进学校的时刻，他们已经耳濡目染得各不相同，他们对数学的接触也有着诸多的不同。上课前，我和他们接触了吗？我有意识地就今天、明天的数学学习内容和他们聊了聊吗？不聊，我们就不知道他们对这一知识有着多少了解。孩子们在接触学校的"正规数学"之时，头脑中都有着一些和"正规数学"不一样的"日常数学"或称"街头数学"。这些"数学"可能会促进也可能会阻碍学生对"正规数学"的学习。学习"角"了，学生的头脑中早已有"角"的知识了，两个"角"一样吗？我们有意识地引导了吗？学习"加减法"了，民间有着很多种计算的方法，这些方法也不同程度地在孩子们的头脑中扎下了根。我们应该在教学之前，设法搜集和了解一下啊，可是我们做了吗？我们不能总把希望寄托在课堂的有限的40分钟之内啊。

我们应怎样复习呢？说我们不关注学生已经知道什么，其实是有些冤枉的。我们在每节课的前几分钟，不都是要想办法把学生已经知道的知识尽可能地调动出来吗？密切联系旧知，精心设计复习题，找准知识的生长点和新旧知识的连接点，让学生的学习建立在已有的认知结构上。我们说得多好啊。我们也为此付出过不少努力。只是，我突然产生了一些担忧：孩子长大后，谁再去帮他设计复习题，谁再帮他找出知识的生长点呢？每个人，在真正地、有效地学习时，不都是自己主动地根据眼前的问题，积极地调动旧知去同化或重构新知的吗？这是一种继续学习的最基本能力啊。与其让孩子在长大时再培养这种能力，还不如现在就让孩子这样去学习啊。面对一个新知时，我们是不是总会这样思考：我已经知道了什么？我还想知道什么？书上又能告诉我们什么？我还有一些自己的想法和疑问吗？课堂上，我们的教学结构也能试着这样安排吗？

学生说出来又何妨呢？大凡上过比赛课、公开课的教师都知道，在上课开始的时候，问一个有关新知的问题，教师最希望学生的回答是不知道。

"同学们，这是一个什么图形？"教师问。

"这是长方形！"学生小手举得高高地回答。这是旧知，旧知要回答得顺利流畅。学生清楚老师喜欢听什么，老师也清楚学生会说什么。

"那这个长方形的面积，你们会求吗？"这可是新知了。

"不会……"学生头摇得很厉害。

"是啊，长方形的面积怎么求呢？你们想知道吗？"

"想！"学生齐声回答。

"好，今天咱们这节课就来研究这个问题。"教师边说边转身板书"长方形的面积"。

如果刚才有学生站起来说："老师，我知道，长方形的面积=长×宽。"（事实上，一个班50个学生，绝对会有好几个同学知道这个公式的。）教师该怎么办呢？只有学生不知道，教师才有教的必要性；只有学生不懂，才能体现教师突破难点的精彩之处；只有学生一无所知，教师的教学才会精彩迭起；只有学生回答"不知道"，教师的教学进程才能一步一个脚印地走下去。学生竟然把课堂上将要产生的最有悬念、最精彩的东西就这样简简单单地说出来了，这节课还会成功吗？年轻的教师会愣上几秒钟，然后挥手示意学生坐下，当作未听见，继续课的进程。有经验的教师，也会愣上1秒钟，便马上微笑着说："看，这位同学就是聪明，已经知道了长方形的面积计算公式。这都是预习的好处啊！你们知道吗？"学生："不知道。""好，我们就来研究它。"

描述得绝对化了些，有损我们上公开课教师的形象。况且这种现象现在已经很少看见了。但是类似这种观念和行为，其实还是大量存在着的啊！包括我们很多时候在听课，不也在想："一上课，学生怎么很多东西都知道了？上课之前一定先渗透或彩排了。否则学生怎会知道？看，现在的公开课就是假，所以要坚决废除。"慷慨激昂得很啊！其实，学生说出来又何妨呢？课堂，更应被看作一个对话交流的场所。教师，不是真理的化身，学生也不是白纸一张。教学，就是需要在教师与学生的互动中生成。我们的观念可以从嘴上说出来，但是我们能在行为上具体地表现出来吗？

过"度"一些又怎样？很多时候，包括现在的很多培训会上，专家们特别是数学教材教学法的专家们，都会特别强调钻研教材的重要性。的确，把握教材、钻研教材是年轻教师应有的能力和态度，是胜任教学的一个非常重要的方面。现在很多教师追求形式上的变化，但却偏偏丢掉了教材上很多本质的东西。一节课热热闹闹，学生在数学思维的发展方面却收获很小。钻研教材很重要，但不能唯教材是从。前几年，我们的课上得好与坏，一个非常重要的评价标准，就是教材的"度"把握得怎样。既要环环到位，又不能"越位"。学习《分数的初步认识》，"火候"只能到把一个东西平均分为止。如果哪位教师在习题设计方面出现了把一个整体平均分，那这节课就算完了。把一个整体平均分是五年级要教的内容，怎能放到三年级来教呢？在教材把握上出偏差了。只是，如果我们能深入到孩子们中间去，就会发现孩子在三年级了解把整体平均分，根本就没什么难度。我们在处理教材时，过"度"一点有多大的破坏力吗？况且，我们上课好坏的最终标准，还是由学生来决定的。只是，我们能在这方面吸取点教训，产生些启发吗？

毕竟，要了解学生已经知道些什么，需要从每个细节去思考和探索啊！

2. 学生是怎样想的。

听说过这样一个小故事：一个牧师正在静心思考问题，他不满 7 岁的儿子不断地来打扰他，问出各种各样的问题，要求他回答。牧师没办法，便顺手拿起桌边的一张小地图，把它撕得粉碎。告诉儿子：你什么时候把这张地图拼出来，什么时候再来问问题。小孩拿着地图走了，牧师也比较满意自己这一创举，孩子至少要在很长时间内不会打扰他了。谁料，不到 5 分钟，小孩就拿着拼好的地图，来到了牧师的面前。牧师惊讶不已，马上就问小孩怎么这样快就拼好了。小孩指指地图的背面。原来这张地图纸的背面画着一个大大的人头像。小孩就是根据这个人头像，很容易很快地拼好了地图。

想起我们的教学，我们很多时候，不也是满以为学生肯定是这样思考的，结果却根本不是那么回事吗？我们面对的是一个个鲜活的人，他们有着许多他们的经历和思考。我们无法把他们当作一个个容器，把知识向他们头脑里灌。教师的本领，就是要设法了解学生究竟是怎样想的。

我们必须在两个方面努力。一个是人文的，教师如何深入学生的心灵；一个是科学的，教师如何根据儿童的认知方式促进他们的有效学习。据此，备课时就必须充分考虑学生的方方面面，在充分准备的基础上，灵活地处理课堂上的问题。

有这样一道题：题中有两幅图。第一幅图上画着一棵大树，树上有 5 只小鸟，近处又画上 3 只鸟，头的方向朝着树。第二幅图上也是一棵大树，树上有 5 只鸟，近处也画上 3 只鸟，只不过头的方向是离开大树。要求学生根据题意列出算式。学生在第一幅图的下面写上 5+3=8，第二幅图的下面写上 8-3=5。老师批完全正确。可偏偏有学生在第二幅的下面也写上了 5+3=8 的算式。老师立即批错。为什么？原因很简单。头朝着树，表示飞来，就应该是加；头背着树，表示飞走，就应该是减。这可是起码的识图能力啊。别笑话，我们有多少教师就是这样规定的啊。个别教师还振振有词，书上就是这样规定的。翻看例题，原来书上先是有了文字"又飞来 3 只鸟"，旁边配上了插图，插图中鸟的头是朝着树的。教材并没有错，错就错在我们钻研教材太"深入"了。第二幅图 5+3=8 真的不对吗？"树上有一些鸟，飞走了 3 只，还剩 5 只。树上原来有几只鸟？"图上的意思难道不可以这样理解吗？如果这样理解就应该是加法了。

反之，即使我们认为学生错了，我们也不应该马上表态。当学生提出了一种新的解题方法的时候，教师千万不要急于下结论，它是对的还是错的。而是要问一句："能说说你是怎样想的吗？"如果在上题中，教师能问一句，学生有很大可能会说出各种各样的理由来，很多理由是教师根本预料不到的。"能谈谈你的想法吗？"这句简单的话，让我们在课堂上多说几遍吧。它会帮助我们消除很多对学生的误解。

一幅图上画着两只金鱼缸。左边一只金鱼缸里有 2 条金鱼，右边一只里有 3 条金鱼。要学生列出算式。标准答案是 2+3=5。可是一个学生却列出了 1+1=2 的算式。作为教师的我们此时该怎么办呢？

说他错？或许他有很好的理由呢？不可轻易下结论。

说他对？也许他根本就没搞清楚题目的意思，乱写一通呢？胡乱地写一个，却"歪打正着"地被我们评价为"思维独特"，不可取。

那究竟该怎样说呢？

"能谈谈你的想法吗？"还是运用这句话吧。只有认真倾听了学生的想法，我们才能表达自己的意见。教师总不能做"武断"或"糊涂"的判官啊！

我们尊重学生了吗？——当学生答非所问时。我们往往都会见到这种现象：教师问出一个问题后，本以为学生会怎样回答，可待学生一开口，发现学生讲的和教师想的根本就不是一回事。正所谓"答非所问"啊。

《数的整除》教学：

师：同学们请看下面一组算式。你们能给它们分分类吗？

20÷5=4   18÷6=3   34÷6=5……4

2.7÷3=0.9   44÷7=6……2   1.8÷0.3=6

教过这节课的人都知道，教师出这道题的目的，是让学生将上面的除式分成两类，一类是除尽，另一类是除不尽。然后再在除尽里做文章，引出整除的概念。可是在那节课上，教师问完以后，一个学生马上就站起来回答：

"老师，上面的除式可以分为两类，一类是整数除法，另一类是小数除法。"

老师一愣："这可不是我想要的答案。"但是还是要尊重学生，于是面露微笑地说："×××同学发言真积极，但是你好像没听清楚老师的要求吧。请坐。"

这是尊重学生吗？先给你脸上贴一块金，然后重重地打你一巴掌：连老师的话都没搞清楚，还发什么言。老师的微笑可千万别装在表面上，这种微笑有时是很可怕的。让微笑发自内心吧。

学生果真没搞懂老师的要求？"你们能给它们分分类吗？"这要求简单明了，学生也一看便知。"上面的除式可以分为两类"，学生的回答也完全符合要求啊。

问题出在什么地方？是学生没有搞清楚老师心中的要求。现在的学习成为了什么？成为了猜谜。老师不断地抛出谜语，学生不断地猜老师心中的谜底。真正猜不出，老师就来引导，和学生的对话像"打乒乓球"似的，你来我往，学生终于明白了老师的葫芦里卖的是什么药，老师的这点知识也在"打乒乓球"式的对话中慢慢地流进了孩子们的心田。

不是学生没搞懂老师，而是老师没搞懂学生啊。学生的发言完全正确，学生的思维是发散的、是多向的，这么多学生，能指望他们和老师都是从一个角度考虑问题？如果真的能这样，那该是多么可怕的一种现象啊。当学生答非所问时，要想想是我的问题，还是他的问题。尊重学生，须是发自内心的。

在《量长度》教学中，教师说："用你最喜欢的方法，在纸上画出一条线段。"学生画，教师巡视，发现学生全都是用直尺当工具在画。可是，新教材上为了体现方法的多样化，还特地呈现出了用文具盒、用书本画线段的图例。

"我们班学生怎么就没人用这种方法呢？"教师有些纳闷。

师：老师刚才发现大家画得都很好。现在请想想看，我们还可以用什么东西来画线段？

（学生东说西说，就是没说到文具盒。）

师：看看你的桌子上，有什么东西可以帮助你画出线段吗？

（学生终于说出了文具盒）

师：好！就请大家用文具盒画一条线段。

我们在编写教材的时候，是可以预计孩子的思维的。所以呈现了几种学生可能出现的画线段的方法，改变过去只要求学生拿直尺画线段的现象，体现学习的个性化与方法的多样化。教师在教学中要理解教材的意图，尊重教材的意图。尤其重要的是，当每个学生用自己最喜欢的方法去做事或把最真实的方法表露出来的时候，教师不要压制，而要鼓励。但是我们又必须防止另外一种倾向，为了追求所谓的多样化，披着新课程的外衣，而去生拉硬拽。教材上出现的方法，不要求学生全部掌握，不要求在课堂上全部出现。研究教材是重要的，但研究学生更重要。尊重教材是必需的，但它的前提是尊重学生。

3.学生喜欢怎样的学习。

备课成功的很大因素，在于设计的教的过程与学生学的过程是和谐统一的，教师在教学中能够很好地启发引导学生自主地参与到学习过程中去。

【案例5】《长方形面积》教学

A教学：

（屏幕上打出一长方形）

师：同学们，我们已经学过面积单位。我们能知道这个长方形的面积吗？

生：可以用面积单位去量。

师：好的。同学们的材料纸上有一个长方形，请你们用材料袋里的面积单位去度量一下它的面积。

（学生度量）

师：谁来汇报一下？

生：这个长方形的面积是12平方厘米。

师：长方形的长和宽各是多少呢？

生：长方形的长与宽应分别是4厘米、3厘米。

师：你们发现了什么吗？

生：长方形的面积等于长乘以宽。

师：真好！这就是长方形的面积计算公式。

......

B 教学：

师：你能用边长为 1 厘米的正方形纸片摆成下面的长方形吗？
（如图 1、2、3）

图1   图2   图3

（学生按照老师的要求在桌子上摆）

师：根据刚才的操作，在下表中填入数据，并思考：每排摆几个、一共摆几排？分别与长方形的长和宽有什么关系？

图　形	长（厘米）	宽（厘米）	面积（平方厘米）
图1			
图2			
图3			

（生填数据，并汇报。）

师：长方形的面积与长、宽有什么关系呢？

（出示一长方形，长是 5 厘米、宽是 2 厘米。）

师：老师在这个长方形的上面摆了一排 5 个边长为 1 厘米的正方形（如图 4）。想象一下，这个长方形上面能摆多少个这样的正方形？它的面积是多少呢？

生：可以摆 5×2=10 个这样的正方形。面积为 10 平方厘米。

师：下面这个长方形呢？

（长为 7 厘米，宽为 3 厘米，如图 5。）

生：可以摆 7×3=21 个这样的正方形。面积为 21 平方厘米。

师：那下面这个长方形，你也能想象出它上面能摆多少个小正方形吗？面积是多少呢？

（长5厘米，宽4厘米，如图6。）

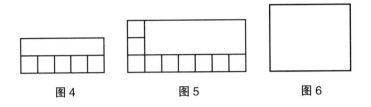

图4　　　　　　　图5　　　　　　　图6

生：可以摆5×4=20个小正方形。它的面积是20平方厘米。

师：如此看来，我们计算长方形的面积，只要怎样？

生：只要用长乘以宽。

……

C教学：

课前，教师要求每个学生准备张材料纸，并在材料纸上画出6个大小不一的长方形（其中有4个长方形的长、宽至少要超过4厘米），并标上长与宽的长度。另外，每个学生再准备几个1平方厘米的正方形纸片（不超过8个）。

师：同学们都在纸上画出了漂亮的长方形。你们能知道这些长方形的面积分别是多少吗？

生：能。我们只要用小纸片去度量，就知道了。

师：好的。那我们就去度量一下吧。我们看谁最先知道答案。如果有什么困难的话，可以随时举手询问，我们一起讨论。

（学生开始用小纸片度量长方形的面积。有学生开始举手。）

师：有什么问题吗？

生：只有8个小纸片，不够用。

师：不够用？那怎么办呢？

生：我们两个人合用。

师：这样真好。

生：老师，我们两人合起来也不够用。

师：那倒是有些麻烦了。谁有什么好办法？

生：把它的位置空出来，就行了。

师：大家还是自己动动脑筋，试试看。

（学生继续度量）

师：好的。大家基本上都度量出了自己的长方形的面积。谁能交流一下吗？

生：……

师：老师很想知道，你们刚才都说小纸片不够了。可后来又是怎样解决这个问题的呢？

……

课本上的知识是静态的，结果性知识往往要多于过程性知识。在备课时，我们就要考虑如何把静态的知识转化成动态的知识，让学生参与到知识的形成过程中，从而把握数学知识的本质意义，获得数学的力量。在《长方形面积》的教学中，把学生的思维引导到探索长方形面积公式的过程上来，让他们去体验建立"长方形的面积＝长×宽"这个数学模型的过程与方法，是非常紧要的。A 教学中，教师虽注意了学生的动手操作，但是在引导学生思维方面就显得太"单薄"了。"道"的作用未能发挥。B 教学中，教师充分注意了对学生思维的引导，一步一步地把学生的思维从具体引向抽象，直至总结出面积公式。环环扣紧，层层推进。只是学生的思维空间究竟有多大呢？学生紧紧地跟在教师后面，总是被动地思考，对学生的思维发展不利。C 教学中，教师充分预计学生的思维方法，紧紧抓住"小纸片不够"这个切入点，适时地提醒，适时地讨论，通过解决这个小问题来引导学生的空间想象能力与抽象概括能力。但同时教师没有预设学生的思维过程，而是让学生直接面对更多的问题情境，在更大的空间里促进学生个性化地思考与探索。"备课走在学生前面，上课走在学生后面"，这句话还是有一定道理的。

四、学得怎样

对照目标，在备课时，我们必须考虑到对学生学习的检测与评价。但是我们应该以什么样的观念和标准来评价学生的学习状况呢？

【案例6】有关考试题的比较

（1）A：下面哪些数是质数？哪些数是合数？

81、2、53、111……

B：小明说，91与93都是质数，因为它们的个位上的数都是奇数。你认为呢？能说出理由吗？

（2）A：三角形的底是3厘米，高是4厘米，它的面积是多少？

B：画一个面积为6平方厘米的三角形。你能画出几种？

（3）A：把一个长240厘米、宽100厘米的长方形分解为10个长为60厘米的小长方形。小长方形的宽为多少？

B：把一个长240厘米、宽100厘米的长方形分解为10个长为60厘米的小长方形。试着把它画出来。

（4）A：把38化成分数、小数。

B：（图：把一个长方形按长边10等分、宽边4等分分成若干个小长方形，上面画出一些阴影部分）你能分别用分数、小数和百分数解释上面的阴影部分吗？

（5）A：34×12=　　56×38=　　……

B：你能把34×12在方格中表示出来吗？

……

备课时，我们如何设计练习题？ A类型和B类型，究竟哪一种对学生数学思维的发展才更为有利呢？ 比较一下A题与B题的区别吧，让我们积极发挥评价的引导功能，让学生的学习淡化记忆与演练，让学生多参加有联系、有现实意义、有挑战性的活动，那么学生的数学素养就将会日益提高。

【案例7】《分数乘法》单元教学

A教学：

按照教学进度，一课一课地教下去，每课有作业。整个单元教完以后，进行单元测试，记下每位同学的单元考试成绩。

B教学：

也是按照教学进度，一课一课地教下去，每课有作业。但是在单元学习之前，教师向学生宣布：每位同学都可以不按照老师的教学进度，自学该单元知识。如果自我感觉对该单元知识已经掌握，随时都可以向老师申请单元考试。

考试包括三项内容：

（1）当老师。向全班同学讲解当天（按常规进度）所学习的内容，要求同学们都能听明白，并能回答老师与同学的提问。

（2）出试卷。出一份该单元的测试题，要求能全面考查该单元的知识点。老师给予定性评价。

（3）做考题。一份闭卷，老师从学生出的试卷里或题库里抽取。一份开卷，考查综合运用该单元知识解决实际问题的能力。

三项考查都获通过的学生，可以不做老师布置的常规作业，上课可以看课外书籍或自学下一单元知识。同时，老师准备的试卷至少分 A、B、C 三种，每种的难度系数不一样。针对不同思维水平的学生，老师有意识地抽取相应的试卷让他做。不同的学生在对单元知识的掌握程度上可以不一样。

学生的学习有"时间差"与"路径差"，我们不能以同样的试卷、同样的进度来评价不同的人。应该让评价适应学生并促进学生，而非学生适应统一的评价。

备课，没有什么技巧和固定的程序。备课的水平，完全是教师观念、智慧与精神的综合体现。全身心地投入到孩子们中间去，不断地学习，大胆地实践，我们的教学水平（包括备课水平）就一定会得到提升。

从关注学生起点开始

——我这样备《两位数乘两位数》（笔算）

浙江省临海市教研室　陈庆宪（特级教师）

　　《两位数乘两位数》（笔算），是在学生学习了《多位数乘一位数》（笔算）、《两位数乘整十数》（口算）的基础上进行教学的。对于计算教学，长期以来，教师都比较关注的是学生对计算方法的理解和计算技能的训练。最近我听一位年青教师执教此课，她选用人教版课程实验教材（三年级下），现把这位教师教学的简要过程介绍如下。

　　1.分析主题图，列式探究。

　　教师出示课本第 63 页主题图并提出：从图中（如图 1）你看出了什么数学问题？

图 1

　　生：买一套 12 本书共付多少钱？列式：24×12。

　　师：谁能估计出它的结果是多少？

　　生：28、30、210、280、100（大多数学生基本上是猜的）。

师：你们能用什么方法计算出正确的结果呢？

（学生经过独立探究、交流后，汇报出以下不同算法。）

生：$20 \times 2 = 240$

$4 \times 12 = 48$

$240 + 48 = 288$

生：$6 \times 24 + 6 \times 24$

$= 144 + 144$

$= 288$

生：$24 \times 2 = 48$

$24 \times 10 = 240$

$48 + 240 = 288$

生：
$$
\begin{array}{r}
24 \\
\times\ 12 \\
\hline
48 \\
24 \\
\hline
288
\end{array}
$$

生：
$$
\begin{array}{r}
24 \\
\times\ 12 \\
\hline
288
\end{array}
$$

（教师组织学生对每种算法进行质疑，重点针对以上第三种和第四种方法进行比较，使学生知道分步计算与写竖式计算实际上想法是一致的，竖式的书写更加简捷。而第五位学生认为自己的方法更简洁，教师没有马上否定，而是让这位学生用第四种再来试一试。）

2.组织分层练习，熟练技能。

（1）试一试。

用竖式计算：24×21；24×13。

（学生独立竖式计算后，组织反馈评讲，使学生进一步理解竖式计算方法：从个位算起，乘到哪一位积就和哪一位对齐。同时使用以上第五种方法的同学也感受到直接写出得数不容易记住中间过程。）

（2）练一练。

① 33×31；② 11×25；③ 41×21；④ 21×34。

（3）在□里填上合适的数。

以上教学引发了我的思考：在当前新课程理念下小学数学在备课时应关注的是什么？我觉得值得关注的是以下几个问题。

1.关注学生的起点。

以上教学使我们首先想到，在学习新知识前应注意是否还要复习原有的知识与技能。学习"两位数乘两位数"的笔算，学生必要的技能是"两位数乘一位数"的笔算和"两位数乘整十数"的口算。而以上教学是直接引出"24×12"让学生进行探究，对于基础扎实的学生，问题当然不大，但基础一般的学生可能就难以就课堂内容建立与原有认知的联系。所以我认为无论在学习哪一知识之前，作为教师都应清晰地了解学生的学习起点，在预设教案时要作充分的考虑。

2.关注教材资源开发。

今天的教师不应该是教材的执行者，而是教材资源的开发者。也就是要求教师用好用活教材，能对教材作出进一步的开发使用。所谓用教材来教，也就是说教材给我们提供的主题图、例题、习题，仅是教师在预设教案时所思考的依据。在备课时为了更好地考虑到学生的学习起点，我们应该认真地分析教材，以及学生原有认知与生活经验的积累。在预设策略上一般采用增补学习材料，创设蕴含原有旧知识的情境，或者对教材中的学习材料加以改进。如本课教材所提供的一幅主题图，从图中只能引出本课的"两位数乘两位数"的一个算式，要在此考虑学生的学习起点，也可从这三个方面加以开发性的思考：可以另设一些准备题，"两位数乘一位数"的笔算和"两位数乘整十数"的口算；也可以另外设计问题情境，需要学生先用到"两位数乘一位数"的笔算和"两位数乘整十数"的口算解决问题；还可以对现行教材中的学习材料加以改进，使原有知识与技能的复习同新知识的引入融合在一起。在下面改进后的教学中，就采用了第三种预设方案，把主题图的内容充实了，实际情境不只是一个问题，而是多元的整合，使课堂变得更和谐。

3. 关注教学中动态生成的预设。

教学过程是一个动态的过程。教学过程是否能形成有效的动态生成，受教学的对象、教学的时间、教学的环境以及教师的教学情感等多种因素的影响。有人说有效的动态生成只能在教学过程中去把握，这似乎有些片面，这样容易使人错误地理解动态生成对课前的预设不再是重要的了。其实不然，《孙子兵法》中说道：多算胜，少算不胜，而况于无算乎？意思是筹划周密、条件充分就能取胜，筹划疏漏、条件不足就会失败，更何况不作筹划，毫无条件呢？这虽是用于作战的，不过教学也是如此，要使一节课能达到有效动态生成，教者必须预先认真思考每一个环节，再到实施时去灵活把握，才可达到更佳的效果。比如本课对主题图作了充实，就会有利于学生自己借助于"两位数乘一位数"的笔算技能和"两位数乘整十数"的计算方法进行迁移。对于学生探究"24×12"时，如果能较多预计到学生会出现几种计算方法，这会使我们对如何去把握算法多样化和评价最优化有更多的心理准备。

4. 关注习题的优化组合。

新课标提出，数学教学过程是数学活动的过程。我觉得在这活动过程中，学生做得最多的是参与练习活动。因此，备课时对习题的精心设计显得尤其重要。那如何对习题进行优化？我认为对教材中所提供的习题必须重视，但不能机械地照搬使用，有些习题需要删改和补充，有些需要合理整合，有些还需要教者再次创造性地设计出来自学生的生活背景素材，使学生更多地在解决问题中得以巩固发展。总之，习题的预设要尽量体现基础性和发展性、层次性和整合性、应用性和趣味性。比如本课是计算课，在习题设计中应该考虑到三个问题：一是要有利于学生进一步理解"两位数乘两位数"竖式计算过程；二是要设计一定量的练习，帮助学生熟练技能；三是能否设计出与实际问题相匹配的练习，以激活学生的思维，提升学生解决实际问题的能力。

鉴于以上思考，我们对《两位数乘两位数》（笔算）重新作了预设，并让同一位青年教师再次试教。下面是试教后的主要片段及简要实录与说明。

1. 创设问题情境，发挥原有潜能。

教师以谈话"购书"为背景，出示了对教材主题图改进后的画面（如图2）。

图2

师：你们看到这幅图能列式解决什么问题？

生：我能算出华华要付多少钱。算式是：24×3=72（元）。

生：我能算出欢欢要付多少钱。算式是：24×8=192（元）。

生：我能算出阿姨要付多少钱。算式是：24×10=240（元）。

生：我能列出妮妮要付多少钱。算式是：24×12。

教师引发学生先针对"24×12"进行估算。

生：我估计"24×12"大约是200元。

师：你们看上面24×10=240，而12比10要大，估计200元有可能吗？

（学生接着估计：大约280元、290元、300元……）

教师对原教材中的主题图的信息进行了充实，使学生在一幅图中同时解决了四个问题，其中三个问题的计算起到复习技能的作用。当引出新的"两位数乘两位数"时又及时结合了估算，为学生探究打下基础。

2.组织自主探究，引发比较概括。

（1）教师提出：要想知道正确的结果应该怎么办呢？（引发学生探究计算方法）

（2）展示学生的不同计算方法。

生 A：$24 \times 6 \times 2 = 288$（元）。

生 B：$24 \times 6 + 24 \times 6 = 288$（元）。

生 C：$24 \times 2 = 48$（元），$24 \times 10 = 240$（元），$48 + 240 = 288$（元）。

生 D：
$$
\begin{array}{r}
24 \\
\times\ 12 \\
\hline
288
\end{array}
$$

生 E：
$$
\begin{array}{r}
24 \\
\times\ 12 \\
\hline
48 \\
+240 \\
\hline
288
\end{array}
$$

师：我们请这几位同学分别说一说他们自己的想法好吗？

（生 A 与生 B 表达的想法略）

生 C：我是把 12 分成 10 和 2，24 乘 10 就是先买 10 本书的价钱；24 乘 2 是再买 2 本书的价钱；"$240 + 48 = 288$"就是买 12 本书的价钱。

生 D：我和生 C 想法一样，先用 24 乘 1 是 24，实际上是 240。

师：为什么是 240？

生 D：因为这里的"1"实际表示的是 1 个 10，也就是 24 乘 10。

师：那为什么最终是 288？

生 D：24 还要乘 2 得 48，再把 240 加上 48 就得 288 了。

师：刚才这位同学说得你们听懂了吗？下面我们比较生 D 与生 E 的两种竖式，又有什么联系呢？

生：生 E 实际就是把上面生 C 的分步计算写在一起了。第一步是用个位上的数"2"去乘"24"得 48，第二步是用十位上的数"1"去乘"24"得 240。最后把"48"与"240"加起来。

生：生 D 的竖式好是好，但是万一中间记不住怎么办呢？

师：对呀！为了使计算更准确，我们一般采用像生 E 的竖式计算。但要注意：用十位上的数去乘另一因数，乘得的积只要与十位对齐，个位上的"0"可以不写。两次的积相加只要想着是加法，加号也可以不写。

教师在这一环节首先让学生根据自己的理解，对知识作了不同角度的探究与交流，留给学生充分表达自己想法的空间，在及时评价不同方法的同时，有意识地突出了竖式计算的方法，较好地处理了算法多样化和算法优化的关系。

3.分层专项练习，初步掌握技能。

（1）填出□中的数：

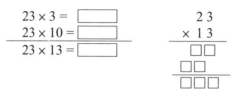

$$23 \times 3 = \boxed{}$$
$$23 \times 10 = \boxed{}$$
$$23 \times 13 = \boxed{}$$

$$\begin{array}{r} 2\ 3 \\ \times\ 1\ 3 \\ \hline \square\ \square \\ \square\ \square \\ \hline \square\ \square\ \square \end{array}$$

（2）先填出□中的数，再竖式计算：

$$43 \times 2 = \boxed{}$$
$$43 \times 10 = \boxed{}$$
$$43 \times 12 = \boxed{}$$

$$\begin{array}{r} 4\ 3 \\ \times\ 1\ 2 \\ \hline \end{array}$$

（3）用竖式计算：

$$\begin{array}{r} 3\ 9 \\ \times\ 1\ 1 \\ \hline \end{array}$$
　　　　$$22 \times 34 =$$

以上三题的（1）题明显看出分步计算与竖式计算的关系，目的是为了让学生对照分步式加深理解竖式计算的算理；接着的两题使学生逐步脱离分步，学会用竖式计算的方法。

4.联系实际问题，体验数学价值。

（1）再次引导学生针对课开始时的主题图（图2）提出：华华和阿姨共用了多少钱？使学生再用竖式计算"24×13"。

接着又让学生提出问题，再分别写出算式并用竖式计算，如有：

①华华和欢欢共用了多少钱？"24×11"。

②华华和妮妮共用了多少钱？"24×15"。

③欢欢和阿姨共用了多少钱？"24×18"。

④阿姨和妮妮共用了多少钱？"24×22"。

……

学生在同一现实背景之下，不断地提出了类似的问题，同时也不断地用竖式进行了计算。这种练习形式既提高了练习密度，满足了不同层次学生的训练要求，又使计算速度快的学生得到更多的练习机会。

（2）引导学生观察一片橘子园的图景（图3）所提供的信息：每行有21棵橘树，现在看到的是13行，这13行共有多少棵橘树？提出：写出算式"21×13"，并用竖式计算出共有多少棵橘树。

图3

接着又让学生观察一大片橘子园（图4），然后又将其盖住，只剩下一行橘树，提出：每行还是21棵，这片橘园大约有几行呢？以此引发学生想象，并写出竖式计算。

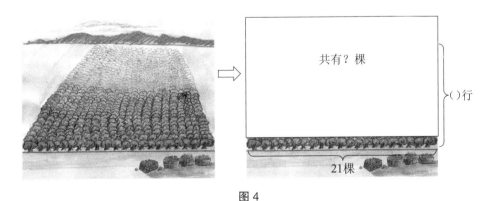

图4

学生凭借观察，来感悟这个橘园大约有几行，写出竖式计算，教师选择一部分竖式，让学生展示在黑板上：

$$
\begin{array}{r} 21 \\ \times\,26 \\ \hline \end{array}
\qquad
\begin{array}{r} 21 \\ \times\,29 \\ \hline \end{array}
\qquad
\begin{array}{r} 21 \\ \times\,21 \\ \hline \end{array}
\qquad
\begin{array}{r} 21 \\ \times\,31 \\ \hline \end{array}
\qquad
\begin{array}{r} 21 \\ \times\,35 \\ \hline \end{array}
$$

最后教师提出：这片橘园到底有多少行？请大家针对下面的竖式，填出方框上的数后就有答案了。

$$
\begin{array}{r}
2\ 1 \\
\times\ \square\square \\
\hline
\square\square \\
\square\ 3\ \ \\
\hline
\square\square\ 4 \\
\end{array}
\qquad \text{学生填出} \Longrightarrow \qquad
\begin{array}{r}
21 \\
\times\ 34 \\
\hline
84 \\
63\ \ \\
\hline
714 \\
\end{array}
$$

学生从中了解到这片橘园有 714 棵橘树，共 34 行。

这一环节的训练分为三个层次：学生从图中观察获得明确的信息进行计算；学生自己观察想象，确定行数进行计算；根据竖式推理填空，了解橘园的行数。这样不仅使学生更好地结合本课技能进行训练，而且对培养学生的空间想象力、数感等都起到了一定的作用；并且在这样的练习中，学生能更好地体验到数学在实际应用中的价值。

平衡中巧"备"数学活动课

江苏省苏州工业园区车坊实验小学　缪建平

　　小学数学实践活动开设与实施已有几年，在各类公开课中也身影频现，成为一道靓丽的风景，它让学生在活动的过程中学会一些研究和探索的方法，发展了学生的综合能力，改变了学生的学习方式，这对他们的可持续发展有着重要的意义。但在日常数学教学中，我们发现部分教师在数学实践活动的操作上出现了一些偏差：一种是忽视新编国标教材中设计的实践活动，或视而不见，或粗略带过，认为搞不搞对学生学业没有什么影响；第二种是不知道如何科学设计数学活动，脚踩"西瓜皮"，逮到什么搞什么，脱离了课本，表面上热热闹闹，实际上收效甚微。

　　在数学实践活动设计的过程中，教师也有许多困惑需要解决。比如，数学实践活动的设计是从儿童经验出发，还是从数学问题出发？活动设计如何才能既发挥教材的核心价值，又兼顾数学资源的开发与利用？活动设计怎样才能既实现知能目标，又兼顾情感与价值目标？强化实践活动的生成，预设要不要，"设"什么，怎样"设"？如何让数学实践活动在回归生活中体现学科性，即生活味与数学味各占几成？探究很重要，接受还要不要，接受中有没有探究？学生应该有一个自由的学习状态，纪律还要不要，纪律与自由是不是相互排斥的？在坚持主张学生主体的前提下，教师如何有所作为？活动一般由教师来设计，学生能参与设计吗？如此等等。

　　也许，细心的教师已经发现，上述困惑其实在提醒我们：课程改革、教学改革、教学设计与实施需要理清各种关系，必须着力研究如何把握各种关系，在行进中寻求平衡，在平衡中再向纵深推进。有时候，平衡了可能就是创新。

　　经过多年的探索实践，我总结出，数学活动课备课的关键点是"寻找中间地带，把握整体平衡"。如何把握平衡，有一个总的原则，那就是"求简"原则，以"简"的思想调适矛盾，使设计中看似矛盾的因素统一和谐。

由此，我将小学数学实践活动设计中的"平衡"艺术的内在意蕴概括如下——目标定位追求简准：在数学与生活之间；资源统整追求简约：在简单与丰富之间；过程架构追求简适：在规整与宽泛之间；手段选择追求简当：在传统与现代之间；方式指引追求简便：在自主与合作之间；活动评价追求简明：在过程与结果之间。

一、目标定位追求简准：在数学与生活之间

数学课程标准的"实践与综合应用"作为一个新的学习领域，根据年段的不同，又分为实践活动（一至三年级）、综合应用（四至六年级）、课题学习（七至九年级）三个学段。为了能较好地给数学实践活动进行准确的目标定位，我们有必要把小学阶段，也就是前两个阶段的基本要求和具体目标进行一番比较与把握（见下表）：

学　段	基本要求	具体目标
第一学段	在本学段中，学生通过实践活动，初步获得一些数学活动的经验，了解数学在日常生活中的简单应用，初步学会与他人合作交流，获得积极的数学学习情感。	1. 经历观察、操作、实验、调查、推理等活动；在合作与交流的活动中，获得良好的情感体验。 2. 获得一些初步的数学活动的经验，能够运用所学知识与方法解决简单问题。 3. 感受数学在日常生活中的应用。
第二学段	在本学段中，学生将通过数学活动了解数学与生活的广泛联系，学会综合应用所学的知识和方法解决简单的实际问题，加深对所学知识的理解，获得运用数学解决问题的思考方法，并能与人合作，进行交流。	1. 综合运用数与运算、空间与图形、统计与概率等相关知识解决一些简单实际问题，初步树立运用数学解决问题的自信心。 2. 获得综合运用所学知识解决简单实际问题的活动经验和方法。 3. 初步感受数学知识间的相互联系，体会数学的作用。

从上述的基本要求和具体目标中，我们不难看出"标准"对"实践活动"和"综合应用"的重视，也不难看出"实践与综合应用"这一部分内容十分

强调数学学习贴近生活，强调引导学生学习身边的数学、"生活中的数学"，这是对以往数学背离生活的一种回应。

长期以来，我们的数学教育脱离了学生的生活，数学成为枯燥无味的代名词，题海战术、反复训练成为数学教学的法宝。由此带给学生的是身心俱损的伤害，引发他们对数学产生恐惧心理。今天的教育水平是学生明天的生活质量，数学教学应为学生建构"可能的生活"。学生"可能的生活"是创造性的生活，是运用有价值的数学参与社会生活、实践人生价值、使理想现实化的生活。

数学课程标准明确指出：人人学有价值的数学；人人都能获得必需的数学；不同的人在数学上得到不同的发展。因此，数学教学要将学生的现实生活与可能生活进行整合，使学生通过数学课程的学习逐步成为具有独立人格和批判意识的人，并在特定的数学活动中，获得初步的生活经验。

在设计数学实践活动时，我能注意到让数学贴近生活、融入生活。但是，也曾出现过一些偏差。

比如，在学生学完"年月日"这一知识之后，我设计了"制作 2004 年主题年历"的数学实践活动，最初的"三维目标"制定如下：（1）复习巩固本学期所学的年、月、日的知识；（2）掌握年历的一般制作方法和制作注意点；（3）通过实践活动，让学生感受到"数学有用，能帮助我们解决生活的实际问题"；（4）使学生手工和美术方面的特长得以发挥，培养他们良好的个性。

第一次教学时，我都是把手工制作部分放在课堂上进行教学，学生兴趣十分浓厚，但是却没能完成预期的教学任务。在教研组中讨论时，有教师提出这样一个十分尖锐的问题："这堂课到底是手工课，还是数学课？"一石激起千层浪！大家对这个问题展开了热烈的讨论。

有的说："课堂教学本是学生生命成长的地方，既然是这样，我们首先要考虑的是学习过程，学生在学习过程中有没有新的体验和收获？从这一堂课来看，学生在活动过程中，不仅学到了数学知识，而且还进行了手工制作，学生的设计能力也得到了发展，可谓一举多得！"

有的说："我是这样想的。数学课首先要有'数学味'，如果一堂课在设计年历和手工制作上花的时间太多，数学课不就成了手工制作课了？我有个建议，可以把设计制作向课堂两头延伸，而把讨论如何填写日期这一重点内容在课堂上进行得充分些，这样既巩固了知识，又拓展了能力。"

在讨论中，我也在反思：我课中的"数学"的东西是不是少了些？因为这毕竟是数学课，而不是手工课或美术课。于是，我接受同事们的建议，对这一实践活动的教学目标进行了重新定位，即：（1）通过制作2004年半历的实践活动，进一步使学生巩固年、月、日的数学知识；（2）通过实践活动，让学生感受到"数学有用，能帮助我们解决生活的实际问题"；（3）掌握年历的一般制作方法和制作注意点。

同时，我还对整个课堂上的实践活动部分进行了较大的改进。为了不让手工和美术的东西在课堂中占用过多的时间，首先，我把第一步"布局设计"放在课前。课前，我就让学生搜集材料，通过讨论交流，自主选择和确定年历的主题。然后，我又大胆放手让学生进行布局设计，并把要画的画、要填写的诗词等进行先期处理。其次，对于第三步"完善加工"，我进行了弹性的预设。如果有些同学课堂上来不及完成，我会鼓励他们在课后继续不折不扣地高质量完成。课后，我还增加了"评比"一节，让学生看到自己的收获，体验制作的成功。这样做的目的只有一个，就是让学生把更多的时间花在"数学"上来，以重点完成第二步"制作年历"。

对于第二步，我则进行了进一步的充实和加强。

开始，我通过安排一定时间的复习，让学生更好地巩固所学的知识，也为下一步制作年历打下了基础。在制作过程中，我注意采用"由扶到放"的教学策略，重点进行1月份和2月份的表格填写。因为1月份是一年的开始，既要注意与上一年衔接好，又要注意如何把一个月的天数填到以星期为周期的表格中；2月份的既要注意与1月份的衔接，又要注意它是29天，而不是28天。通过两个月的填写，学生会逐步熟练，并能慢慢体会到一些规律性，后面的填写就容易多了。以后，我开始由慢到快，但注意每月的月尾进行一次核对，以防发生连锁性错误。在填写过程中，我总是注意让学生不断总结注意点，循序渐进，不失时机地让学生发现规律性的东西。比如在1、2月份填写完成后，让学生总结注意点，积累在填写过程中发现了什么（原来上下两排的数字之间正好相差7；前一个月的最后一周多余了几天，后一个月的第一周就要空出几天，这才是正确的衔接；如果前一个月没有多余的天数，后一个月就从第一格填写起；把一些重要的日子、爸爸妈妈和我的生日都用红笔进行了标注，这样看起来比较醒目明了……）。

通过这一次的前后教学对比，我觉得教学目标的定位应在"数学味"与"生活味"之间找到一个平衡点，努力给予学生的生存状态和生活方式以人文关怀，更多地关注学生的生活经验，关注学生真实的生活，以儿童化的眼光、儿童化的思维进行教学设计，为学生"可能的生活"需要奠定基础。通过"数学＋生活→实践活动"的设计思路，努力建构学生"可能的生活"，满足学生的生活需要，培养学生的自主生活能力，激起他们自我关怀的热忱，培养学生的生活智慧，促进他们的健康成长。

二、资源统整追求简约：在简单与丰富之间

随着课改的实施，教师的"资源意识"在不断增强。越来越多的数学教师在数学实践活动设计过程中，已经明显地意识到：必须努力打破教材的界限，引进与之相关的课程资源并加以开发和利用，有机整合，以拓展学生的数学视野，培养学生的数学素养。

在设计数学实践活动课程的过程中，我的资源观也在探究与反思中得到发展。以下将通过一个实例说明在数学实践活动设计中如何进行教学资源统整。

在学生学习了小数的四则运算、常见图形（长方形、正方形、平行四边形、三角形、梯形）的面积、平均数知识、用计算器进行计算等知识之后，我设计了一堂数学实践活动课：《生活中的"平均拥有"》。通过教学，预设达到如下目标：（1）巩固小数的四则运算、面积的计算及平均数知识。（2）使学生理解"平均拥有"这一数学概念的含义，知道可以用它来看待和处理日常生活、社会生活中的某些问题，并掌握计算方法。（3）在活动中形成初步的运用数学的意识，并学会用课中学到的观察法、计算法来解决生活中类似的问题。

在教学之前，教师要求学生搜集一些有关学校土地面积、绿化面积、学校在校生数、本地区及江苏省土地面积及人口数等方面的信息。

教师在课前也作了一些教学资源方面的准备。我首先想到：如何通过一

个场景的引入来让学生感受"平均拥有"呢？我想去拍同一个商场在不同时刻的顾客购物的状况（一个是熙熙攘攘，一个是冷冷清清），但是大型商场不让人随便拍照，会以为我是"商业间谍"。能不能用一种比较简当的方式来进行呢？于是我想到了"图示法"，这种"图示法"既是对生活场景的概括，又能让学生体验"平均拥有"的内涵。于是在"探究与建构"这一部分，我共设计了三组模拟场景，让学生进行比较。

场景一：两个商店面积相等但人数不等（学习方式：小组合作）。

（多媒体出示）提出问题：下面是两个商店的示意图（"×"代表顾客），哪个商店显得拥挤些？

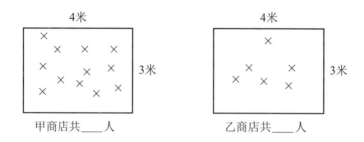

（1）观察：说说两个商店内各有多少人？（甲商店共 12 人，乙商店共6 人。）

（2）叙述：你们知道哪个商店里拥挤些吗？为什么？（两个商店一样大，但甲商店的人多，所以甲商店拥挤。）（板书：面积相等但人数不等）

（3）引导：刚才我们是用观察的方法来判断的。其实我们还可以用计算的方法来解决它。（板书：观察法、计算法）请同学们两人一小组进行合作学习，并在答题纸上列式解答。

（4）小组活动。（学生尝试列式计算。提示：可用计算器来进行计算。）

（5）交流。

方法一：

甲商店：12÷（4×3）=1 人/平方米；

乙商店：6÷（4×3）=0.5 人/平方米。

方法二：

甲商店：（4×3）÷12=1 平方米/人；

乙商店：（4×3）÷6=2平方米/人。

结论：甲商店显得拥挤些。

场景二：两个商店人数相等，面积不等（学习方式：独立解决）。

（多媒体出示）提出问题：下面是两个商店的示意图（"×"代表顾客），哪个商店显得拥挤些?

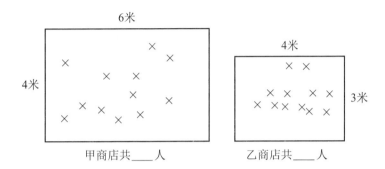

（1）提问：这个问题请大家独立思考，你是用什么方法来解决这个问题的? 得出的结论是什么? 为什么?

（2）全班交流。

场景三：两个商店人数不等，面积也不等（学习方式：独立解决）。（过程略）

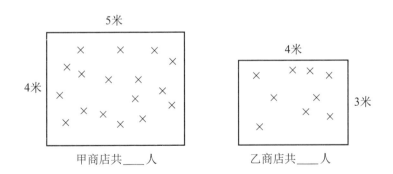

这种三个场景的比较性探究，由于把教学资源进行了"深加工"，学生很快把握了"平均拥有"的内涵，这是对课本所学"平均数"知识的一种自然延伸，是对学生的数学视野的有效拓宽。在接下来的"应用拓展"部分，我又科学地撷取了跟学生日常生活比较接近的情境，让学生趁热打铁，运用

所学的新知解决这些问题。列举如下（学生可根据课前调查的数据用计算器进行计算）。

（1）我校现在学生总人数（　　）人，共有绿化面积是（　　）平方米，人均拥有绿化面积是（　　）平方米／人。

（2）我校土地总面积是（　　）平方米，人均占地面积是（　　）平方米／人。

（3）苏州市总人口是（　　）人，苏州市土地面积是（　　）平方千米，苏州市人口密度是（　　）人／平方千米。

最后设计了一个"长作业"：

生活中"平均拥有"还有很多（学校每人拥有电脑数、人均拥有住房面积、苏州市人均拥有绿化面积、小区中平均每户拥有汽车数、四年级学生平均每人拥有图书的本数……），请你和同学合作，查找有关资料数据，算一算你想知道的"平均拥有"，把它写成数学日记或小论文。

由此可见，把数学资源材料引入数学实践活动，可以让活动内容丰富充实，学生有机会感知除课本以外的信息材料，通过比较性、拓展性、探究性的学习，丰富学生的知识背景，能够帮助学生深化对原有数学知识的理解。

同样一个数学实践活动的主题，由于引入资源的不同，更由于统整的程度不同，它们在数学实践活动中会产生不同的教学效果。用之得当，就能统领全课，引人入胜，起到画龙点睛的作用；如果用之不当，就会造成主题淡化、结构松散、活动"臃肿"等弊病，给人以支离破碎、画蛇添足之感。

因此，课程资源就在单薄与丰富、核心与拓展之间化解矛盾，寻找平衡。首先，教材是最基本的课程资源，但不是唯一的课程资源。其次，教师是最重要的课程资源。教师要不断增强课程资源意识，提高课程开发技能。最后，课堂教学过程就是师生合理利用课程资源、共同建构知识和人生的过程。课程改革要求教师把课堂教学看作是师生在具体的实践情境中共同创造自己的课程的过程，看作是师生不断地"化信息为知识，化知识为智慧，化智慧为德性"的共同成长的过程。

在我看来，恰当地引用资源必须考虑以下因素：

一是数量因素。不能无限制不加选择地加以引用，把活动的主要核心内容给挤占了，造成主题涣散，中心游离。

二是质量因素。要想使教学更有效、更高效，就必须对教学资源进行

"深加工"。有了这样的课程观和深加工的意识，才能达到"简约不简单"的资源目标。就小学生而言，给予他们的学习资源要尽量做到六个字，即短小、易用、有趣。所谓"短小"，就是要文本精炼，动画不过分花哨，如果是网页则一般设计为单页，以方便学生快速浏览。遇到内容较多的网页，可以把一个长的东西，分割成几个相对独立的可浏览的页面。所谓"易用"，就是要便于把握其中的信息，要求明了，便于学生理解或操作，学生在其中选择信息比较容易，否则就会陷入"信息漩涡"中，无所适从。所谓"有趣"，就是要动静搭配，要吸引学生，"寓教于乐"和"寓教于究"相得益彰。

三是时机因素。材料资源可扩充活动容量，有助于学生对知识的理解，对活动的体验。所有的活动必须建立在活动目标指向的框架内，"简约不简单"应是课程资源统整的基本原则，尽量做到能简则简，能优则优。只有这样才能真正服务于主题，与活动本身水乳交融、浑然天成。

总之，在进行学习统整的过程中，我们应随时随地反问自己：这些学习资源对学生有用吗？对学生合适吗？通过反问，可以让我们反思教学资源整合的有效性。

三、过程架构追求简适：在规整与宽泛之间

根据建构主义理论，教学结构是依据儿童的认知结构来确定的关于教学的起点、重点、难点、节奏、层次以及相应的教学策略的系统。从这里可以看出，学生的认知结构是教学结构设计的前提与现实起点，这体现了认知结构的主体性。但在同时，教师在设计教学结构时又必须考虑怎样通过知识的同化或顺应，发展或打破原有的认知结构，向较高水平的平衡运动，建构新的认知结构，由此又体现了教学结构的主导性。因此，只有灵活机动地确定教学结构，才能真正促进学生认知的建构与发展。

现在许多教师认为，预想得有多充分，课堂就有多精彩，于是教师花大量的精力过分地关注环节预设和教学细节，把整个实践活动用理性技术的眼光进行肢解分割，甚至出现了将数量化计算（每个教学环节教与学的时间分布）作为衡量一堂好课的依据。其实活动设计应在规整与宽泛之间寻求"平衡"，做到"形散神不散"，即把握好大的"框架"（到底要做什么，达到怎

样的学习或探究目标），但在具体细节上则作粗略的预想，并根据学生的学习进行随机调控，只有这样，才能让学生在"自由"的空间中进行独立思考，在交流的空间中生成出精彩来。

例如，在五年级下学期，学生学习了正方形、长方形、平行四边形、三角形、梯形及有关对称图形的知识，我设计了数学实践活动"请你设计花圃"，以一道开放题统领全课：一块长方形空地，长8米，宽6米，先在这块空地上建造一个花圃，使种植花草部分的面积，正好占整块花圃面积的一半。请问：该如何设计花圃的建造方案？请画出草图。教学中先进行了知识复习，接着就是把印有问题和标好格点的长方形的答题纸，发给每一个学生，让大家展开想象与探究的双翅，自由设计花圃图案。到下课时，学生还乐此不疲，课后当我拿学生的设计与其他同事商讨时，连一些美术老师也加入到了探究的行列，形成了"师生共探、教学相长"的热烈场面，在一段时间内掀起了"设计热"（图1~3为学生设计的图案）。

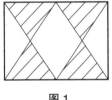
图1

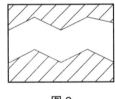
图2

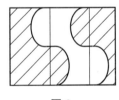
图3

再如，在复习六年级几何初步知识时，我预设在室外进行数学活动课《面积的估算与测算》。预计要测量与计算的图形一部分是画的基本图形，另一部分是实物图形，如跳远坑（长方形）、铅球场地（可按近似梯形来测量与计算，也可把它看作一个圆环面积的一部分，因为投掷场地的开角是60°，所以它的面积是圆环面积的 $\frac{1}{6}$ ）、环形操场的面积（一个长方形加上两个半圆）等。

在教学结构的设计上，我分为两大部分：一是估面积比赛。先让学生进行一场估面积比赛。操场上画了许多大大小小的图形，学生单凭自己的"眼力"，估计出了它们的面积，并记录在表格的"估算面积值"一栏中。二是进行实际测量，并通过面积公式用计算器进行计算，再与刚才的面积估算值进行比照，看哪个与实际计算的面积值相差最小，最后评出"估算"冠军。

从上面的"粗设计"可以看出，两大部分要达到的总体目标就是培养学生对面积的估测能力与实际测量计算能力，而且把估测与实测进行比照，培养了学生的生活数学"智慧"。由于估面积在前，更加激发了学生的实际测量热情，两个部分一气呵成，学生在宽泛的教学空间中享受着学习、探究的乐趣，真正体现了数学课程标准提倡的"不同的人学不同的数学"的理念，使学生在活动中得到不同的实质性的发展。

由于这一活动设计遵循"形散神聚"的原则，课末，学生生成了这样一个"精彩"问题——有一名学生突然问："老师，我家有一幅我们这个地区的地图，我想估一估、算一算我们镇的面积，可是它是一个不规则的图形，那怎样来算出它的面积呢？"这个问题一下子把大家带到了新的探究学习境地，于是我顺势鼓励大家把这个"问题"带回去进行研究。

第二天，学生们在课堂上纷纷发表意见。有的说，可以用割补、拼凑的方法来进行，把它拼成一个近似的长方形或其他图形；有人马上站出来反驳说，这样算出来很不准确。后来，又有人说出一个想法。他说，先在地图的中间刻一个长和宽都是 10 厘米的正方形，用天平称出它的重量，再把这块纸板放回原处，称出整个镇这块纸板地图的重量，最后算出整块纸板的重量是 10 厘米正方形重量的几倍，再运用"比例尺"的知识就能算出整个镇的面积了。

"称面积"，真是绝妙！同学们在教师的引导下从"数学"想到"生活"，并通过自己的研究，迸发出创新思维的"火花"。

四、手段选择追求简当：在传统与现代之间

数学实践活动课重在引导学生在活动中体验，在实践中探究。因此，教者宜通过多种教学手段，保证活动过程起承转合环环相扣，从旧知识的巩固到新知识的传授，从现象的展示到实质的探究，让学生有足够的时间和空间去进行实践。

传统数学活动课的教学手段一般有引导阅读、游戏引路、组织调查、演示操作、图片展示、交流讨论、制作小报、户外实践，等等。如今，多媒体

技术、网络平台等现代化教学手段在数学实践活动的教学中格外受宠，甚至成为教师的首选，于是教学手段、方式越发丰富，但也令人产生"乱花渐欲迷人眼"之感。而一些传统的手段不再吸引人的眼球，被人渐渐淡忘了，淡出了"现场"，不再成为人们关注的焦点。

因此，在活动设计中怎样选用适宜的教学手段，如何在传统与现代、继承与创新之间把握平衡，这一话题值得我们探索。

诚然，现代教育技术为数学实践活动提供了崭新的教学手段，既然作为教学手段，就必须服务于数学活动教学，体现数学的本质属性。数学教学要扎扎实实地培养学生的数学素养，特别是要发展学生的数学思维能力，改变学生的学习方式，让学生在自主、合作与探究中获得可持续发展。否则数学实践活动课就可能异化为信息技术课，那不是新课程改革倡导的好课。

让数学实践活动课回归本质，就要用简朴但却有效、传统但不过时的教学手段，将学生数学活动的教学资源进行统整、优化，给学生搭建最佳的活动舞台或平台，让学生徜徉在数学活动中，"自由"地探究数学，体验数学，感受数学的内在魅力。"清水出芙蓉，天然去雕饰"，素面朝天，朴实无华，这才是数学实践活动课应有的"面容"。

例如，在学生学习完圆的面积（包括扇形面积）之后，我设计了数学实践活动课《羊吃草问题探究》（也可在小学毕业"平面图形面积的复习"中作为"调味品"进行教学，学生一定十分感兴趣）。由于许多学生现在已经不能亲身感受拴羊吃草的现场情境，所以主要教学手段是通过课件来展示绳子的运动变化规律，同时辅以动手操作。整堂课是"层层剥笋"，步步为营，把问题难度逐步加大，引导学生不断深入探究与解决问题。关于本课的"问题链"的设计如下：

燕燕家养了一只大山羊。这一天，她把山羊牵到草地上去吃草。

（1）如果拴羊的绳子长2米，拴在空旷的草地上，则羊能吃到的草的面积有多大？（整圆面积）

（2）如果拴羊的绳子长2米，拴在院墙的内墙角，则羊能吃到的草的面积有多大？（90° 扇形面积）

（3）如果拴羊的绳子长2米，拴在院墙的外墙角，则羊能吃到的草

的面积有多大？（270°扇形面积）

（4）如果拴羊的绳子长 2 米，院墙长度超过 4 米，且把羊拴在院墙的中间，则羊能吃到的草的面积有多大？（半圆面积）

（5）拴羊绳子长变成 12 米，院墙的长度是 6 米，且把羊拴在院墙的中间，则羊能吃到的草的面积有多大？

课前，我给每个小组提供了一个图钉、一根丝线、一个小铁环（代表吃草的羊）、一个小木块（代表院墙）。对于第（1）到第（4）个问题，我让学生在小组中通过合作，演示出羊可能吃到的青草的范围能有多大。接着，再通过课件演示来验证学生的想法，让学生看到羊吃草的过程（半径扫过的轨迹部分绿草渐渐变淡了），让学生看到自己的探究成功了！对于最后一个问题，由于学生难以理解，我就先通过分步的课件演示，让学生看清楚绳子缩短的原因，以及剩下的绳子扫过的面积，接着再让学生进行动手操作，学生终于明白羊吃到的面积是一个酷似"苹果"的图形的缘由（如右图：中间正方形为院墙，黑点为拴羊处，羊吃到的草的面积是一个大半圆、两个中半圆及两个小半圆的面积的和）。"山羊吃'苹果'，山羊吃'苹果'！"学生兴奋地感受着、体验着探究成功带给他们的乐趣。

在数学实践活动设计中，我也在尝试运用"电子作业"这一新的形式。

比如：制作电子幻灯片。我曾在六年级举行"生活中的数学问题探究月"活动（根据此数学活动写成的《"生活中的数学问题"探究活动的实践与思考》发表于《小学数学教师》2003 年 7~8 期合刊上，详见后面的案例）。学生在这一个月内，通过搜集问题、自由组合探究、写成数学小论文、成果发布等几个环节，完成了这一长作业（其中学生交给我的电子文本的数学小论文经我推荐发表于《小学生数学报》《小学生必读》等报刊的已有近 10 篇）。还有少数学生交给我的是用 Microsoft PowerPoint 制作的电子幻灯片，学生用制成的电子幻灯片进行成果发布，曾赢得满堂彩，一时间，许多同学都跟着学会了这一招。

总的来说，电子作业好处不少。一是电子作业激发了学生的学习兴趣。

通过鼓励交电子作业，学生的好奇心、探究欲得到满足，创新意识得到诱发，得到老师、同学的赞许，获得了成就感，于是认知内驱力、自我提高内驱力和附属内驱力均得到激发和提高。二是电子作业培养了学生的多种技能。他们要学习电脑打字，学习文字、图片及电子幻灯片的编辑方法。如果通过网上邮件交电子作业，还培养了学生的网络技能。而这些技能对于学生自身的可持续学习、终身学习和可持续发展都是十分有益的。三是上交电子作业还有利于数学老师进行网站建设。现在，学生交来的电子作业，我一般都进行一定的修改，然后将其放到网上，让其他学生共享与浏览，有的邮发给其他网站或报刊，以便及时发表或发布。从2003年9月始，我利用业余时间开始建设自己的数学网站，网站的名字叫"数海探航"。学生们在网上看到自己的作品发表了，学习与探究的兴致更浓了，劲头更高了。

需要注意的是，对于电子作业的实施，我现在没有搞"一刀切"，原因是多方面的，如出于对家庭条件、父母信息技术水平、学生信息技术水平、学生兴趣特点的考虑，等等。但我相信，通过一段时间的实践与积极推广，会有更多的学生加入其中，最后的结果一定是"万紫千红春满园"。

如今，信息技术与课程整合业已成为课程改革的一个潮流。在信息技术与活动教学整合的过程中，教师的指导是随时随地的，学生不断地将反馈的信息传递给教师；教师根据学生的反馈，也在不断地对活动过程实施随机调控，达到和谐共振的状态。整个学习过程都应该是在信息技术环境下的教师与学生双向交流互动、不断循环、不断调控的过程。全国中小学计算机教育研究中心主任苗逢春博士认为："如果没有教师引导学生围绕学习目标一步步展开深刻思考，则信息技术整合就失去了灵魂，功能强大的信息资源就只是可供教师换取一两声喝彩声的花拳绣腿和表演道具。""教师应发挥主导作用"，在信息技术整合的今天，我们仍应积极地倡导，并且身体力行。

五、方式指引追求简便：在自主与合作之间

当代教育家通过研究发现，不同的儿童有着不同的学习方式。

"视觉儿童"：他们获取信息的最好方式是瞧，对于直观形象的东西，他们的观察、记忆、理解能力最强。因此，看图片、看演示、看视频录像以

及参观、调查、访问等，都是帮助他们学习的好方式。

"手脚并用儿童"：这类儿童活泼好玩，善于通过各种身体动作、操作、制作来进行学习。因此，一些动手的项目，如拼一拼、搭一搭、画一画、剪一剪等，将有助于激发他们的兴趣，开发与增强他们的观察力、记忆力、思维力。

"流动儿童"：这类儿童在学习时每间隔一段时间就要休息片刻，有时会思想开小差或向窗外眺望一会儿。对于这类儿童，教师不要一味责备孩子不专心、无耐心；只要适时提醒，就能使孩子很快集中精力，积极投入到学习活动中。

"结伴儿童"：这类儿童喜欢与小伙伴一起学习，否则学习就"没劲儿"，学习效果也明显欠佳。因此，教师不应硬性规定他们一定要单独学习，而应考虑让他们与其他伙伴一起进行小组合作、同伴互助学习与讨论等。

"不拘场合儿童"：这类儿童并不拘泥于学习的手段，随便用什么方式都能获得较好的学习效果；又不限于安静舒适的环境，他们即使在一些噪音环境中（如有人大声喧哗、吵闹的地方）也能照常学习，而且不受干扰，专注如一。对于这类儿童，教师要注意鼓励强化，使其优秀的学习习惯持久不衰。

因此，作为数学实践活动的组织者切不能以自己的主观要求苛求学生们一定要用某一学习方式来进行学习。作为教者，在数学实践活动的设计中，一定要注意顺其自然、因势利导，在"自主学习"与"合作学习"中求得平衡，同时注意"动""静"搭配，这样才能充分发挥学生的学习与探究潜能。

说到底，数学实践活动就是一种"体验性学习"。"体验"的"体"，意为设身处地、亲身经历；"验"，意为察看感受、验证查考。数学实践活动就是把学生置身于一定的情境（真实的生活情境、模拟情境）之中，让他们经历之、感受之、考察之，最终认识之、掌握之。在这一过程中，看似仅获得直接的知识经验，但因为它同时伴随着需要的满足、心理的平衡、悟性的获得等种种内在精神活动，因此可以说是对个体整个身心过程的全面激活。

在设计数学实践活动时，我们可以选择以下活动方式：

1.动手操作。数学操作可以使枯燥的知识趣味化，使抽象的概念具体化。如一些拼一拼、摆一摆、剪一剪的实践活动，符合小学生的年龄特点，使学生感到亲切，应该是课堂最有效的活动方式。

2. 数学实验。数学实验往往是用来验证、证明数学定理的正确性的。如"三角形三边关系"的实践活动，就是通过对一些小棒的拼摆，通过不完全归纳得出结论的。

3. 实际测量。实际测量是学生十分喜爱的户外实践体验活动。实际测量有利于学生开阔眼界，增长见识，促进数学教学交流，解决生活中的实际问题。这在前面已经举了例子，这里不再赘述。

4. 调查统计。21世纪是信息化的时代，每一个人必须掌握处理信息的能力。小学数学教学也要顺应社会的发展，增加学生调查统计的机会和体验，努力培养学生关注信息的意识和处理信息的能力。如学生学习了《简单的数据整理》一课后，可引导他们去调查全班学生的身高，然后对几十个数据进行处理，这可增强学生的"体验"感。学生们觉得他们不是纯粹在学数学，而是在做一件"调查统计"的工作。

5. 规划设计。在数学教学中开展"规划设计"式的"体验学习"，可以培养学生运用知识解决实际问题的综合能力和实践创新能力。如学习了《长方体和正方体的认识》后，我设计了以下题目：某工厂生产A、B、C、D、E五种产品。厂方要求设计师设计一种通用的包装盒子，能包装该产品中的任何一种。设计师按要求设计了包装盒子F，但部门经理认为这还不是最节省材料的包装盒，你能帮助设计师设计出最节省材料的包装盒吗？（结果如下图G）

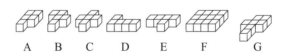

A   B   C   D   E   F   G

6. 思维游戏。小孩子的工作就是游戏。游戏符合小学生生理和心理的特点。通过丰富多彩的游戏活动，可以帮助学生发展体力、智力、交际能力和情感等。数学思维游戏由培养学生的直接兴趣——对游戏本身的兴趣，进而培养学生的间接兴趣———一种对数学经久不衰的兴趣。久而久之，可以培养学生良好的思维习惯，使他们养成对数学的钻劲和韧劲，最大限度地享受数学带来的乐趣。

我曾在小学一至六年级均让学生做过下面的"移棋子"的游戏。这个游戏是这样做的：取 3 枚白棋子和 3 枚黑棋子，左边放 3 枚白的，右边放 3 枚黑的，紧挨着排成一行（见下页图，第 1 行）。规定每次可取出相邻的两子，但不能变动两子的先后顺序，把它们移到同行的任何空位上。要求这样移动 3 次，能把它们排成黑白相间的一行，也要各子紧挨着，不留空隙（如下图第 4 行）。该怎样移？

移法展示：

（1）○○○●●●

（2）○●●●○○

（3）○●●●○●○

（4）●○●○●○

数学家已经证明了"4 对子"移 4 次，"5 对子"移 5 次，"6 对子"移 6 次，都可由"黑白分明"移成"黑白相间"。于是学生随着我的引导，拾级而上，游戏逐步深入了。

这个数学思维游戏为什么能让小学一至六年级的学生都学得乐趣无穷呢？原因是，它富有简易性（即题目要求人人能理解，棋子还可以用其他诸如石子、橡皮、豆子、谷粒来代替）、操作性（可以不分场合地进行）、探究性（要经过多次反复尝试才能成功）和拓展性（从 3 对子、4 对子、5 对子到 N 对子无限拔高）。这样，不同年龄阶段的学生可以根据自己的智力水平达到不同的程度，同时又乐此不疲地向一个新的高度去"挺进"，因而它"魔力"无穷。类似地，我设计了几十道这样的数学思维游戏题，在学生感到数学学习枯燥无味时，将其拿出来让学生"品味"。

7. 师生共探。教学中，要特别强调学生的主体地位，选择难易适中的问题，让尽可能多的学生参与其中，努力避免以教师的思维代替学生的思维；要突出"探索"精神，要让当时曲折的探索过程在"体验学习"中真实而自然地反映出来，甚至失败的思路也要向大家介绍；要突出"总结"这一环，总结规律、方法，总结有创意的新思路和新方法。如前面的例子"请你设计花圃"就采取了这一活动方式。

8. "小课题"研究。小学生能不能开展"小课题"研究？我想以我的教学实践来证明：能！这样的数学实践活动会增加学生的负担吗？答案显然是否定的。当学生被数学特有的内在魅力吸引时，他们一定会乐此不疲。

　　总之，小学生"数学实践活动"的过程就是"建构"的过程。这不仅仅是在接受知识，而且是通过自己的经验在构造自己对认识客体的理解，是一种设身处地的移情，进而达到对大自然奥秘、事物固有秩序的尊重与敬畏，直至对整个世界的关注。

六、活动评价追求简明：在过程与结果之间

　　数学课程标准指出："评价的目的是全面了解学生的学习状况，激励学生的学习热情，促进学生的全面发展。评价也是教师反思和改进教学的有力手段。"

　　因此，在设计数学实践活动课评价方式时，我们应该十分重视评价的发展功能，十分重视过程评价；同时也要关注活动结果，努力在过程与结果之间寻求平衡。因为不同个性特点的学生有不同的兴趣和能力水平，如果教师用同一个标准去评价学生或以等级评分的方法去评定学生的表现，就会使一部分学生丧失学习的信心和兴趣，发挥不了评价的发展功能。因此，应以鼓励性评价为主，只要学生在自己原有的基础上有所进步，就应该给予鼓励。

　　美国心理学家加德纳提出了多元智能理论，认为人类至少有七种认识世界的智力方式，即：语言、数理逻辑、视觉空间、身体运动、音乐、人际和自我认知。不同的人可能擅长用不同的智力方式学习，因而人类的知识表征与学习方式有许多不同的形态，个别差异在教学中不可忽视。如果认为学生可以使用不同的智力方式来学习、记忆、表征和应用知识，那么用单一的教学评价方式来评价学生必定是有局限性的，取而代之的方法应该是多元评价，要用多种评价手段和方法来衡量不同的学生。只有这样，才可能真正发挥评价的功能，培养出具有分析、思考和问题解决能力的学生，让学生发挥其所长。

　　现在，多元评价的种种实践已全面展开，纸笔测验之外的多种评价方式，如观察、访谈、作品集项评价、轶事记录等开始出现在课程标准中，实践已表明，多元化教学评价将有可能成为未来教学评价的主要方式。美国学者坎贝尔（Campbell，1996）曾概括这种评价方式的五项基本原则：（1）评

价是多角度的；（2）评价关注学生不同阶段的成长；（3）评价要反映教学信息；（4）正式与非正式评价同等重要；（5）学生是主动的自我评价者。这实质上是把教学和评价看成了同一过程中不可分割的两个方面，多元评价观点下的教学，实质上是对学生知识建构过程的介入。

多元教学评价包括多种不同评价方式，如实作评价、动态评价、变通性评价、卷宗评价、真实评价、直接评价等。其中，实作评价是其最主要的评价方式。所谓"实作评价"，是指在学生生活和学习的情境里，通过对学生完成实际作业表现的观察，依靠教师的专业判断，对学生学业成绩进行整体判断的教学评价方式。

在小学数学综合实践活动中，我们如何来进行多元评价呢？我也进行了一些尝试。

即兴评价。即兴评价是指在实践活动过程中，教师对教学行为所作出的一种情感和行为的反应。教师在实践活动过程中的这些反应伴随教学活动过程而存在，又无时不在影响着学生的学习行为。即兴评价不是给学生"你真棒""你真行"的廉价表扬，而是针对学生的即时表现，作出有效的指点与鼓励的评价。于是"×氏办法""××猜想"应运而生，学生得到了自我肯定的满足感和成功体验。即兴评价一般要包括教师评价与生生互评。

信息发布。当布置学生调查、访问某一话题，或者针对一个数学史料进行查找资料后，课堂上就会安排一个小小的"信息发布会"，让学生说说查阅资料的酸甜苦辣，也概括地说说这个信息的核心内容，这样既达到了资源共享，又做到了方法交流。在这之中，一个学生在发布会上所获得的成功，就是对他的一种极大肯定，他会在今后的活动中迸发更多的热情，发挥更大的作用。

成果展示。一个关于"生活数学"的探究主题公布后，学生会进行一段时间的探索。之后，成果展示就显得十分重要了。比如：让学生说说自己如果和家人一起测量房间，测算要用的地板面积及粉刷墙面的面积，是多么令人开心的事啊；调查小区汽车的总数及总户数，算出小区里汽车"每户拥有数"，也不是简单的事，如果说一说这一过程，对别的学生一定会有诸多启示；成果展示时，用上电子幻灯片，用上摄影的图片，用上自己绘制的图纸，又是多么荣耀；如果是几个人一起合作完成的，大家你一言我一语，三个臭皮匠，赛过诸葛亮……如此种种，在师生的热烈的掌声中，学生的心里甜蜜蜜的，吃点苦受点累又算什么呢？

作品展览。作品展览的类型也不少，有数学小报、数学日记、数学小论文，还有各种图表、照片、画册、小制作、小发明，等等。我的班级有一本"数学日记拉力赛"的册子，就是让学生及时把自己在数学实践活动中的各种事情、情感记叙下来，在班上传阅，学生看到自己的"作品"被收入其中，兴趣更浓了。

网站上传。为了把学生数学实践活动的成果及时发布，也为了能让学生及时玩教师收集的一些"数学游戏"，我制作了个人网站"数海探航"。现在，学生交来的电子作业，我进行修改后会及时把它们放到网站上，让其他学生共享与浏览，达到相互学习、相互促进的目的。通过网站，教师不仅可以给网站添加各类学习资源，还将优秀的学生作品放入其中，教学的天地就大大拓展了，学生的学习兴趣也会大大提高。通过网站的"家校联系"，还可以使家长加入到实践活动中来，让家校联系变得更直接、更有效。渐渐地，"探究学习"不仅成为师生的学习方式，也成为师生的一种生活方式，从而促进师生教学相长与彼此的终身学习。

推荐发表。除了把学生在数学实践活动中写成的数学日记或数学小论文汇集起来让学生传阅外，还有一个激励他们的举措，就是将他们的作品推荐给报刊发表。现在小学生可阅读的数学方面的报刊不少，只要是有质量的作品，发表也不是十分困难的事。几年来，我已经向《小学生数学报》（江苏）、《小学生必读》（河北）、《小学生周报》（福建）、《小学生报》（辽宁）、《苏州日报·教育周刊》（童心·数学）等省市报刊推荐发表了学生的数学日记、数学小论文 20 多篇。当学生发现自己的数学日记或小论文也能发表时（一般总是有作文发表，很少有数学方面的文章发表的），他们别提有多高兴了。

"奖你一个问题，奖给一个游戏！"这是我首创的一种肯定性评价方式。具体做法是，当学生在数学实践活动的某一方面获得实质性的成果后，我会减免学生一次跟课本相关的传统性数学作业，让学生腾出时间来探究和思考我给他（她）的一个数学问题（不同的学生，给予其不同难度系数的问题）或一个探究性数学游戏，让其进行自我探究，强化其在数学方面的探究兴趣。因为在我看来，少做一两次常规性的作业对于喜欢数学、善于动脑的学生来说不会有什么损失。以下是问题和游戏示例各一个（这样的问题或游戏我收集了上百个）：

问题探究类示例——探究电费"分时计价"的奥秘

师：同学们，你知道下表中的总金额是怎么计算出来的吗？（参照我班一名学生家的电费发票制作）

江苏省普通用户电费统一发票（NO:12671511） 2004 年 12 月

户名	×××				
地址	东港花园 × 幢 ××× 室				
本月示数	上月示数	电量	单价	金额（元）	
总 2965.000	2720.000	245			
峰 1629.000	1467.000	162	0.55	89.10	
谷 1336.000	1253.000	83	0.30	24.90	
加　减	违约金 0.00		小计金额：114.00		
金额　　万　￥　仟　壹　佰　壹　拾　肆　元　零　角　零　分					

提问：（1）发票中的"峰""谷"是什么意思？为什么要设立"峰""谷"不同的电价？（2）你家的电费申请了分时计价方式吗？分时计价一定省钱吗？

请把你的调查与探究过程写出来，祝你取得成功！

游戏探究类示例——出毛病的计算器

1. 基本玩法：

现在，我们一起用七根火柴棍来拼搭个"日"字形，它就是数字"8"了。适当地拿掉若干根火柴，可以使留下的火柴组成其他九个阿拉伯数字（如下图）。

1234567890

这种想法好像很简单很自然，不过科学家们很巧妙地利用了它。不少电子计算器的数字显示就是采用这种形式，它们显示的每位数字都由七段组成，全部亮出是"8"，相应地少亮出若干段，就会显示出其他数字（如下图）。

现在有一台电子计算器，它的数字显示部分损坏了，只有不连续的几段显示。当一个同学按了两个按键（一位数字）相乘，得到了一个两位数的结果，即有这样一道算题（如下图）。

因为在4、5、6、8、9这5个数字中，都有3根火柴棍排在这样的位置，这样，这道算题就可能有好几个答案。比如5×9=45就是答案之一。还有三种答案，你还能想出其他答案吗？

2. 聪明进阶：

有位小学生的计算器也出了毛病，它老是显示成下图所示，这到底是怎样的一个算式呢？

3. 指点迷津：

如果觉得有困难，可以用火柴棍来摆，或者找一个确有毛病的计算器，感知一下出毛病的计算器到底是怎么回事，这样可以帮助我们理解游戏内容，顺利而愉快地进行游戏。

对于聪明进阶中的问题，你是否考虑到：如果这个计算器只能显示下半部会怎么样呢？

4. 适合年级：二至六年级。

5. 参考答案：

（1）基本玩法中的三种答案：6×8=48；6×9=54；8×8=64。

（2）聪明进阶中的答案：19-13=6；79-73=6。

总之，数学实践活动过程中的评价应该是一个动态的、建构的、多元的、互动的过程，同时也是一种师生互动的生命体验过程。

《中庸》说"极而高明而道中庸"，这正是我们要把握的秘诀——寻求平衡，在平衡中深化，在平衡中寻求突破。平衡就是要寻求关系的和谐，就是不要绝对化，不要走极端。我们需要热情，但同时也需要理性。

在数学与生活之间追求目标定位的简准，在简单与丰富之间追求资源统整的简约，在规整与宽泛之间追求过程架构的简适，在传统与现代之间追求手段选择的简当，在自主与合作之间追求方式指引的简便，在过程与结果之间追求活动评价的简明，均凸显了一个"简"字。辩证地看，简化了数学实践活动的设计，意味着学生有充足的时间自由地学习与自由地探索，也意味着有足够的空间去讨论交流、机锋交辩、思维碰撞与表现自我，更意味着教师有更多的机会去促进生成、引发精彩、删繁就简、化繁为简、以简驭繁、成就平衡。需要强调的是，这里的"简"不是简单、简易、简略、简捷，而是意味着丰实、丰厚、深刻、蕴藉、博大与智慧，甚至还有宁静和幸福，思想在这里徜徉漫步，生命会在此拔节抽穗。

我的备课"四步曲"

安徽省霍邱县城关镇中心小学　童义清

备课话题，常思常新、常做常新。

工作十多年，我勉强算得上有些经验的教师。但每一年备课，我都有变化；每一次备课，我都认真对待。近两年，我在备课时主要围绕"四步"进行操作——整体谋划、遍访名师、问计学生和同事聊课，这种有实效、接地气的备课方式，对我的专业提升帮助很大。下面，我以小学数学备课为例，谈谈具体做法。

一、整体谋划

小学数学内容虽然简单，但许多人认为很难教，其中一个重要的原因就是没有吃透教材的编排意图。整体性是小学数学教学的显著特征，它必须贯穿于教学的整个过程。现行的小学数学教材，仍以单元的形式把4～6课时内容及其他知识组成一个整体。从编者意图看，组成单元的各课时内容不是随意拼凑的，而是一个有计划、有重点、有序列性的有机整体。

每学期开学前，我会认真地把整册教材通览、规划，把握各单元之间的相互关系，做到对整册教材熟记于心。每次单篇备课前，我会拿出教师用书，先从单元分析开始细细研读，寻找各课知识内容的来龙去脉、厘清体系，做到对整个单元内容了然于胸。最后，我再逐课精读、思考、设计，有时甚至还要把该课时的知识内容放到整个小学阶段进行思考和定位。站得高，才能看得远。整体性备课，让我的备课思路更宽、视野更广、教学设计更大气。

例如，在研读北师大版五年级上册"图形的面积（一）"单元分析时，我看见，本单元属于"图形与几何"领域内容，四年级下册学习的《三角形、平行四边和梯形的认识》是本单元的认知基础。本单元共编排6课时内容，前三课分别是《比较图形的大小》《地毯上图形的面积》和《动手做》，后三课是《平行四边形的面积》《三角形的面积》《梯形的面积》；从内在逻辑看，前三课内容是后三课内容的知识铺垫和方法渗透，尤其是《比较图形的大小·比较面积策略的多样性》和《动手做·认识三角形等图形的高》是为接下来学生探索平行四边形、三角形和梯形面积做的"脚手架"。借助整体性备课思想，我还发现，本单元的这些内容又是接下来"图形的面积（二）"的学习基础，因为在"图形的面积（二）"里，重点学习的是"组合图形面积"与"求不规则图形的面积"，教材这种递进式的编排顺序是严格遵循了学生的认知特点，拾级而上的，符合教学顺序规律。

有了这种整学段、整册、整单元的广阔视野，再聚焦到具体设计每一节课，我就可以居高临下，有很强的针对性。如果坚持整体性备课，时间久了，就会对教材的编排结构驾轻就熟，能使自己成为一本"活教材"。

二、遍访名家

他山之石，可以攻玉。很多时候，我们一线教师抱怨得不到名师的指点、优质的指导，其实我们忽略了身边的网络和专业书籍资源。有时大家在教学中争论不休的问题，其实在一些杂志上早就有人在研究，并给出建议或定论了。现在，我每次独立备课，遇到不好处理、存在困惑的地方，都会通过这些途径向名师取经。

例如，我在设计《平行四边形的面积》一课时，觉得练习环节不好处理：反复练习面积公式的运用，会导致学生的思维在低水平层次重复，深度挖掘拓展新知，又容易造成学生的"学""用"衔接不力。为此，我打开电脑"收藏夹"里的名师教学视频网址，观摩了特级教师顾志能在参加"华东六省一市小学数学教学观摩活动"中执教这节课的教学视频，我发现他在练习环节只设计三道习题，分别属于基础练习、变式练习、拓展练习，不但过渡自然，层次分明，而且量小质高。后来，我在教学中直接模仿了他的这种做法，也取得了良好效果。

备课时，向名家学习其实很简单，翻阅珍藏的杂志、上网搜索都很便捷，足不出户就可以吸取名家大师的智慧。他们的每一个细节处理、每一处深度挖掘都会让我耳目一新、茅塞顿开。平时，我一直很注意保存《中小学数学》《小学数学教师》《小学教学设计》等专业杂志，并特意把附有整年目录的一期放在最上面，等到需要查找资料时，抽出目录很快就可以找出想要的资料。有时候，同一节课内容可以在不同杂志、不同期数上找到十多篇相关文章，把这些文章精读一遍，我对教材的认识立刻就变得丰满厚实起来。站在这些名师的肩膀上备课，我可以肯定地说，应对日常教学没有任何问题。

三、问计学生

再好的教学设计，都不会是孤立存在的。备课，必须与班级中那一群有名有姓的学生相联系。如何在备课时了解学生？如何在预设课堂时关注到每一个学生的生命个体？这是我近两年思考的问题。现在，我每次进行单元备课或教学前后，都会私下问问几个学生："你觉得老师这节课上得怎么样？""如果这样上，你估计班里的学生是不是都能听懂？""你对老师上数学课，有没有什么好的建议和意见？"……这种"私聊"，可以让我了解真实的"民意"，更细腻地思考备课对象，避免备课停留在"重复昨天的故事"的状态中，也让预设的教学更具生命的厚重和灵动。

例如，在教学《动手做·认识高》一课后，我预感到效果不佳，因为认识"钝角三角形的高"和"平行四边形的高"历来都是难点。课后，我找来一位成绩中等的同学，问她："今天的数学课，你听懂了吗？"这位同学诚实地回答："听懂了！""那你估计班里还有多少同学有点糊涂？"她想了想，对我说："我估计有五六个同学还不明白钝角三角形的高！"童言无忌，多么好的回答！五年级的学生的确具备了比较客观和真实的评价能力。从她的反馈中，我对自己的判断进一步确认，在接下来备《平行四边形的面积》和《三角形的面积》时，我加强了对这些高的认识的引导，教学效果非常理想。

四、同事聊课

"旁观者清，当局者迷。"我在备课时，还喜欢与平行班的教师聊课，问问上过这节课的教学效果如何，准备上这节课是如何考虑的。三个臭皮匠，赛过诸葛亮。经过集体智慧的过滤，内容的重难点、学生的易错点、实施的关键点都会得到有效凸显和解决。很多时候，师生们自制的教具也可以得到更充分的共享。这种聊天式备课，时间短、易操作，不但可以增添同事之间的感情，也能让校本教研工作更加务实。

如，在备《三角形的面积》一课时，我隐约感到引导学生运用"拼组方法探索面积公式"（图1）一定比较容易，一是先前探索"平行四边形面积"时，学生已有过活动经验；二是这种"拼组方法"也比较贴近学生的思维规律。但在运用"剪拼方法探索面积公式"（图2）时，可能会有部分学生感到难以理解。于是，我利用课余时间，向已经上过这节课的同事请教，在无拘无束的聊天氛围中，他直言不讳地说："你别说学生难以理解'剪拼方法'了，我上课时，全班连一个想到用这种方法的学生都没有！"没有调查，就没有发言权。正是在办公室这种毫无保留的聊课中，我及时吸取了这位同事的经验教训，对教学设计作了精心调整，加强了对"剪拼方法"的铺垫和引导，保证了第二天教学的顺利完成。

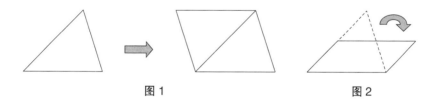

图1　　　　　　　　　　　　　图2

没有最好，只有更好。不同年龄、学科、状态的教师都有着不同的备课方式，多年来的备课实践证明，"整体规划""遍访名家""问计学生"和"同事聊课"可以让我们教师更有效地与教材、名师、学生和同事对话，摆脱孤军奋战和闭门造车的困境，从而快速提升我们日常备课效率、引领自身专业成长，促使我们成为真正的科研型教师。

小学数学备课之我见

江苏省盐城市射阳县小学　董兴无

任何一种有目的的活动，为了达到预期目标和获得理想效果，都必须在活动之前认真进行设计。课堂教学更是如此，要想在有限的时间内优质高效地达到预定的教学目标，取得令人满意的效果，更需要进行细致的安排和周密的设计，即备课。那么如何做好教学的前期准备工作呢？

一、把自己当学生

以往老师上课前关心的是学生如何掌握知识，很少关注学生的想法和情感，经常以成人的心态去看待学生的想法和情感，以至于上课时常把自己的看法强加给学生，导致学生机械、被动、接受式地学习。新课标指出，学生是教育活动中最为重要的人的因素，富有想象力和情感。学生是课堂的主人，学习的主体，作为教师应该去为学生考虑，为学生服务。因此我们在设计教学活动时要把自己当作学生，用"童心"去探知学生的想法和情感，怀着"童心"走进孩子的心灵世界。依据学生的喜好和个性设计课堂教学，从"童心"的角度去帮助他们解决疑问。正如陶行知先生所说："我们必须变成小孩子，才配做小孩子的先生。"有时孩子的想法是很幼稚的，孩子眼中的世界和大人眼中的截然不同。他们可能有很多怪想法，这些想法可能不是纯音乐的东西，但却体现了孩子们可贵的思维，老师如果能够欣赏孩子们的这些想法，不但能启发他们的智慧，更能保护好他们后续学习的动力。

二、以学生的发展为主

陶行知先生曾这样说过："教什么和怎么教，决不是凌空可以规定的，他们都包含'人'的问题，人不同，则教的东西、教的方法、教的分量、教的次序都跟着不同了。"每一位老师都懂得以人为本，以学生的发展为本，那么在考虑教学内容、教学策略的时候应"随机应变"，精心设计、调整、修正，使之更适合学生的知识水平和能力结构，考虑这样的安排对学生的发展有什么作用。如对教材的处理是否能吸引学生学习，问题的设计是否能激活学生的思维，教学方式是否有利于学生主动探究，教学过程有没有给学生留下足够的自主活动的时间和空间等，只有这样的备课才是有效的。

如《0的认识》一课，教材是从学生熟悉的"小猫钓鱼"的故事引入，故事是学生爱听的，事例是学生熟悉的，教师就要凭借这个主题图，讲叙生动的"小猫钓鱼"的故事，提供丰富的学习素材，因此，在学习过程中，学生兴趣极高，对0的理解也很深刻。

再如教学《比多少》时把图中的小猪、小兔、小鱼、苹果、萝卜等制成可随意摘取的挂图，学生可以方便地取下来进行比较，有效地克服了图中其他图形的干扰，使注意力更集中。因此，这种形式更符合儿童心理，可以极大地增强学生的参与欲望。

三、解读并超越教材

教材是学生学习的一种重要的资源，也是师生沟通的中介。充分地利用教材，开展创造性的教学，是新课程的基本主张。新课程理念强调，教学的过程是教师"用教科书教"的过程，而不是"教教科书"的过程。所以教师在备课时，对教材要有自己的钻研、解读和思考，不能一味地充当教科书的"传声筒"、知识的"贩卖者"角色；另一方面，教师要跳出教材，超越教材。"教材无非是个例子"（叶圣陶语）。教师要摒弃那种唯教材是用的本本主义，灵活变通教材中与学生的口味不相符或滞后于学生发展的内容，及时关注时代发展的新动向，吸收生活中鲜活的素材，把它及时地整理、融合到自己的教学中。

（一）抓住特点，改变呈现方式

在新课程背景下，教材不再是学生从事数学学习活动时的模仿对象，也不再是"不容改变"的、定理式的知识结构，而是学生从事数学学习的基本素材，它只为学生的数学学习提供了基本线索、基本内容和活动的机会，因此我们在备课的时候就要注意：抓住教材的特点，改变呈现方式，遵循学生发展的需要和状况来设计教学，使教材真正为数学学习活动服务。如备《圆的认识》一课时，考虑到学生在平时的生活中虽然见过很多圆形物体，但很少有圆的图形感悟，特别是对直径、半径、圆心理解起来比较抽象，所以设计了：先让学生认识物体的圆形表面，接着用小圆纸片进行对折操作，在若干次对折中很直观地去认识直径、半径和圆心，然后再组织学生去研究圆的特征与它们在生活中的应用，最后再去研究圆的画法。这种把圆的整体认识与内在要素认识呈现顺序颠倒的教学设计，既能突破本节课的教学难点，又能使学生顺利地在原有感性经验的基础上得到发展、提高。

（二）灵活运用教材，给学生创设自主探索的空间

数学课程标准明确指出，有效的数学学习活动不能单纯依赖模仿与记忆，动手实践、自主探究、合作交流是学生学习数学的重要方式。为此，我们要使用好教材，挖掘教材各种资源，为学生设计自主探究的学习环节。备课时应做到：凡是学生自己能够探索得出的，教师绝不代替；凡是学生能够独立发现的，教师绝不暗示；凡是学生难于理解或不易接受的，教师要点拨引导，让学生去主动建构；凡是学生独立学习有困难的，可开展小组合作，让学生互相帮助学习。如教学《比的基本性质的运用》时，可设计三个不同层次的自主探究环节，让学生根据自己的实际情况选择学习方法，开展自主学习。第一层次，认为自己能够解决，可以自己独立尝试进行化简比。第二层次，感到有困难，可以打开课本进行自学，看看教材是怎么做的。第三层次，自己努力后还有困难，可以请教他人，求得别人帮助。

总之，教师在备课时，既要钻进教材之中仰视解读，更要高居教材之上审视并超越教材。只有这样，把自己变成教材的主人，教师才能充分发挥教

材的功能，使学生得到充分的发展。

四、教学方法的灵活运用与组合

教学方法是实现教学目的的活动方式，对教学工作的成败起着重要的作用。俗语说得好：教学有法，但无定法，贵在得法。如何在众多的教学方法中选择合适的方法并进行有效的组合，无疑成为课堂教学的重要任务。所以我们在备课的时候更不能忽视根据教学目标、具体内容和学生的特点去选择合适的教学方法。比如江苏名师张齐华老师教学《认识几分之一》时，在创设"野餐活动"的情境中，运用了"谈话法"，提出一系列的问题，启发学生积极思考，初步认识几分之一；在学生通过操作去感悟认识几分之一这一环节中，运用了"操作实验法"，让学生折纸并用阴影表示这张纸的$\frac{1}{2}$；再提出"折法不同，为什么阴影部分都可以用$\frac{1}{2}$表示呢"，这样让学生通过"讨论法"强化对$\frac{1}{2}$的认识；接下来又使用了"练习法"让学生判断哪些图形的阴影部分可以用$\frac{1}{2}$表示，这样不仅及时让学生巩固了对$\frac{1}{2}$的认识，而且还起到了很好的反馈作用，又为教师有效地调节后面的教学活动提供了依据，也为本节课教学目标的顺利实现起到了关键的作用。

关于备课，苏霍姆林斯基曾讲过这样一个故事：一位教师的一堂历史课上得精彩之至，令所有听课者叹为观止，于是下课后，大家围住这个老师，询问他，这节课上得这么好，花了多少时间备课。那位历史老师说：我是用我的一生来备这一节课的，至于这节课的教案，大概用了一刻钟。是的，最高境界的备课是用一生用心去备课。让我们都来用心备课，让我们的课堂教学焕发出生命的活力。

有"备"无患，"优"备更无患

——我的备课妙招

山东省济南市历下区教育局　于　虹

教育不是"选拔适合教育的学生"，而是"创造适合学生的教育"。当学生的主体性日益凸现时，教学上的挑战随之而来：无论什么情况下，任何学生都不是我们任何时候、任何理由的实验品，所以，每一堂课都要求我们将代价降到最低阈限。而损失最小的课，毫无疑问需要精心、用心的备课。任何一堂课都是自然生成，而非预设的。但这种自然生成需要周全而多方的预设，所以，要想上好一堂课，必须会备课。根据多年的教学实践，我的备课经验是：坚持每周一大备，每天三小备；把握先备"大"后备"小"、先粗犷后细腻、先"杂乱"后"有序"、先独立思考后多方参与（学生参与、同事参与）的原则；备课中要时刻提醒自己"见书不见人，等于一半功；见书又见人，多半会成功；预设多样案，生成记心间"。下面具体说明。

一、明确"备"非"背"——脉络备课构建课堂大框架

教无定法，所以备无定法。无论是刚工作还是工作多年的老师，备课时要从"大"备到"小"。留心一下，我们不难发现，年轻的老师在备课时都会准备一份特别详细的教案，但实际上课时却常常与教案大相径庭，大多时候根本完不成进度；而且上课时他们的表现会显得做作和生硬，"眼睛里满是迷茫"。为什么呢？正因为把教案备得"面面俱到"，以至于"背"得滚瓜烂熟，所以，老师常常会自觉不自觉地被教案牵着鼻子走，出现"一节课老师的眼睛盯住一角不动，说了这句脑子里想的是下一句"的场景。对于课堂上出现的突发问题，老师也常常以"课下我们再研究"或置之不理等形式

应付过去，因为这些问题不在备好的教案中，老师不知道该如何处理，为了"教案"的顺利进行，只得如此"捡了芝麻丢了西瓜"。

因此，我的经验就是进行脉络备课。所谓"脉络"就是以这节课的重点和难点为主体，兼顾其他环节的大致设计，这样可以有效地"抓西瓜"，保证了对重点的把握。因为一节课的重难点一般是不变的，其他的就看教师自己随机应变了。至于细节，具体到哪一句话怎么说，可以灵活机动，况且，一堂好课在于它的自然渗透，自己平时怎么与学生交流，课上就怎么交流。

每次备课前，快速浏览一下课本，将整个小节的内容（两课时的内容即新授课、练习课）做个大致记录，做到心中有数，然后再根据自己对教材、对学生的了解，写出两课时内容的大致流程，备出一份脉络草案来。当然，两个课时要一起备，不要一个课时一个课时地备，这样可以从整体上把握整个知识小节的重难点，以便于合理分配时间，上课时，只要拿着这份简洁明了的"脉络备课草案"即可。同时，备课当中一定要注明环节的设计意图，因为写不出设计意图的环节肯定是没有多大意义的环节，这样做可以提高课堂的有效性。例如在教学人教版小学数学第九册《三角形面积的计算》一课时，我是这样设计的：

1. 回忆旧知（学过的图形面积练习），进行铺垫与过渡。

2. 研究三角形面积公式（学生自行研究）。

（1）让学生大胆猜想，或者根据自己的知识说出三角形面积公式。（可能出现的情况：有的学生会公式但不懂原理；有的学生不会公式。处理方案是：根据学生回答写出公式，同时抛出问题：为什么？引出课堂重点部分，且尊重了学生的主体性。）

（2）为什么？研究公式的原理。学生或看课本，或讨论，或进行操作，进行研究。（师巡视，掌握学生的研究情况。）

（3）学生汇报、整合，提炼正确答案。（师规范学生表述，板书出结论。）

3. 练习巩固。

（1）基础练习。根据公式求面积。（课本习题）

（2）变式练习。根据面积求其中一个条件；其中一个条件隐藏，求面积；先测量后求面积；结合实际情况求面积；……（形式为判断、填空、计算、应用题等，以课本习题结合课件的形式呈现。）

（3）拓展训练。（课本思考题）

这种备课方式粗犷而又细腻，杂乱却又有序，既能在短时间内快速把握教材，又能有效地减少课堂损失，保证了重难点的学习顺利进行，提高了教师上课思维的"大层次化"和宏观化。

二、"投石问路"法备课——使学生参与进来

课堂是学生问题形成、问题解决的生成过程，而非教师的预设。无论怎样缜密地备课，都是教师思维想象的体现，即使教师设身处地地从学生的角度考虑，总也代替不了学生的思维，所以，上课中常会出现"难点不难""非重点却重"的现象。有时候会莫名其妙地发现，自己感觉简单易懂的问题，学生的出错率反而很高。例如，在教学《小数乘小数》一课时，重难点是积的小数位数的确定，但在实际授课中，学生出现了许多问题：积中是先去 0 再点小数点还是先点小数点再去 0？横竖式中积末尾的 0 如何处理？列竖式中是小数点对齐还是右对齐？……当我们没有足够的时间和教训的时候，我的方法是，找几位成绩偏下的学生，让他们提前做一下新课中的习题，以此让他们充分暴露自己的思维过程和疑惑，尤其是他们的错误做法。

这种重学生参与的"投石问路"法有着诸多的益处：一来，成绩偏下的学生暴露的问题大部分都会在课堂上出现，学生集中出现的问题就是教学的重难点，解决这些问题就是我们课堂的主要目标，这样我们可以尽快地调整课堂教学策略；二来，学困生的教学也是课堂教学的主要任务，学困生之所以"困"，在于他们容易疑惑，且他们的"疑惑"也多一些，正是这些疑惑阻碍了他们理解的速度，所以，此举既让这些学生提前学习了新的内容，减轻了他们在新授学习时的压力，又使他们与其他学生保持了思维进展的同步，有利于增强他们的信心。

"投石问路"法备课可应用于各种课型中，尤其是在练习课中，这种方

法更易为学困生们所接受。当学困生跟不上进度的时候，我们常常要给学生补课，补课时，老师容易着急，学生还不乐意，觉得自卑，显得很被动。如果把"后补"变成"前补"，效果可就大不一样了，它不仅能促进学生自主学习，还能使老师在备课中掌握学生的现有水平，更多地从学生角度考虑，对症下药，以此更好地提高教学质量。

三、"二次备课"——备出创意教学

二次备课就是上完课后再次进行调整的教学反思，它具有很大的自主性和随意性，可以以任何教师喜欢的形式进行。二次备课通常从教师自我评析、学生状况分析、教材实际应用、课堂突发事件、课堂亮点和败笔及自我感觉等方面进行。教案的价值不仅仅在于它是课堂教学的准备，作为教师教学思想、教学方法、教学思维轨迹的记录，它更是教师总结教学经验的重要途径。在课堂教学中，会有许多突如其来的可变因素，学生的一个提问，一个质疑，课堂上的一次"卡壳"，都会对原有的教学设计提出挑战；即使是同一节课，面对不同的学生，在不同的时间内，都会产生不同的效果。这些反思都是以后备课的重要资料，为以后的课堂教改与创新准备了第一手资料。相比较而言，二次备课更有利于教师的专业成长和提高。

例如，在教学人教版小学数学第九册《小数乘整数》一课时，我的二次备课是这样写的：

> 整体感觉一般，问题多多。
>
> 1.教学设计方面：比较适合学生，层次比较明显，难度适宜。
>
> 2.实际效果方面：学生整体掌握可以，但是难点也比较明显，就是小数乘整数的意义方面，尤其是表示几个几的时候，学生容易写反了。如：$0.3×6$表示6个0.3是多少，学生写成了0.3个6是多少，没有明白个数只能是整数，不可能是小数。下一节课的补救措施是要对比着多练习。我自己的表现一般，过于严肃，不是很自然。
>
> 3.第一节课知识难度自然要小，重在规范各项要求，所以，第一节课切不可贪多。

疑问：

1. 学生听讲效果很好，上课很煽情，回答问题很积极，但是书写作业时却不理想，为什么？（我得跟踪调查）

2. 发现学生的书写不好，既不规范又不工整，下一步得采取点措施了。

3. 学生回答问题慢吞吞的，书写速度也很慢，又是个问题。

感叹：

1. 其实书写与正确率之间有一定的正比例关系，看来我的第一周工作要侧重于书写了！

2. 发现了几个学生基础知识不太好，还有几个听讲不认真，有几个一次手都没有举。

利用二次备课的机会，随时将这些想法记录下来，不断地加以整理、归纳，我们就会发现许多潜在的规律，将这些规律加以运用，长此以往，就形成了一套能适应教学变化的、能灵活驾驭课堂的教学本领，这样一来，我们教学的点子也会越来越多，课堂效率明显提高，留学生补课的次数越来越少了。同时，正是二次备课的再次"提炼"和经验积累，促使我撰写了大量的教学论文，新课改课题实验研究也取得了很大的成绩，这些都进一步促进了我的专业成长和发展。

四、先"点"后"面"法备课——打造个性课堂

备课要出效果就要坚持独立备课与集体备课相结合，但一定要坚持先独立备课再集体教研的"点面"法。有一次上公开课时，许多领导纷纷热情地帮我备课，试讲之后又热心地指点，帮助我修改教案。可试讲次数越多，修改越大，自己越茫然，上课时失误越多。为什么呢？每个人的指点都是他们"备课"的体现，每一次修改，都是他们思维的一次整理，将许多人的思考融到一起，单单没有自己的想法，别人的想法怎么能全记得住呢？所以，上起课来老是忘词，显得很机械。同时我也发现，自己先独立备课，然后再有选择地吸收他人的建议，上课的效果就好多了，既不会忘词，又很自如。所

以，建议老师们，集体教研之前一定要先形成自己的想法，这样才可能坚持自我，大胆创新，打造个性课堂！

另外，备课中对于教参的使用也是如此。在备课时要坚持先自己备课，再看教参的原则。教参，只可参考而已，不可以依赖或本末倒置。初入教坛的老师常常把教参当成理解教材、选择教法、设计教案的重要依据，这是不可取的，而且还有可能禁锢、限制老师的创新。因为教参一旦制定，便成为一种固定形式，几年甚至十几年都不变，但每一年学生的特点不同，每年的教材也会有所变化，用不变的、共性的教参作为主要参考，实在不可取。

知己知彼，百战不殆。备课的精髓也是如此，老师们在要求学生做好前，自己先要做到充分考虑，只有这样，才能最大限度地做到有"备"无患，进而达到"优"备更无患的水平。

复习课备课重在"效"

江苏省南京信息工程大学附属实验小学　周　云

复习课在小学数学教学中占了不少的比重，几乎每个单元都安排了相应的复习课，每学期期末都会安排一次系统的全册复习，提供给这些复习课的教材是一些相应的练习题。难道复习课就是组织学生逐一完成教材中的练习题吗？不，我认为复习课绝不仅仅是练习，复习课的教学目标应该更高些。教师在备复习课时，心中应有这样的目标：帮助学生梳理所学知识，使知识形成系统；寻找薄弱环节进行查漏补缺，巩固强化学习成果；提供层次鲜明、灵活开放的多样练习，提升思维品质。下面就苏教版六年级下册总复习《图形与变换》这节课谈谈如何备复习课。

一、知识梳理——复习课的特征

对所学内容进行系统化、有序的梳理，是复习课区别于其他类型课的本质特征。通过知识梳理，学生将所学知识与旧知联系起来，形成序列、系统，更有利于知识的"内化"。以《图形与变换》一课为例，课堂上教师首先出示一组美丽的图案（与平移、旋转、对称等有关），在学生欣赏的同时追问"这些图案是怎么得到的"，从而引出小学阶段所学的平面图形的所有变换方式：轴对称、平移、旋转、放大和缩小。接着借助学生事先整理的表格；对图形变换进行了系统的梳理。表格如下：

	特　点	注意点
轴对称		

	特　点	注意点
平　移		
旋　转		
放　大		
缩　小		

随着学生的汇报、交流，教师将每种变化的特点板书在黑板上，补充问题：每种变化在生活中有哪些应用？

这种课前收集、整理，课中交流、讨论的形式有利于学生充分独立地对知识进行梳理、内化，形成系统知识。

二、查漏补缺——复习课的目标

随着知识的学习即将告一段落，查漏补缺成为复习课的主要目标。通过查漏补缺，能及时补足学生认知中的薄弱部分，夯实基础，提高学习成果。在《图形与变换》复习课中教师做如下工作：

（1）找到学生的学习薄弱点并进行针对性讨论。如：平行四边形是不是轴对称图形；按 3∶1 放大，表示现在图形的长与宽和原图形长与宽的比是多少，面积的比是多少……这样将学生平时容易混淆的概念和易错题拿出来进行讨论，让学生在辨析中明确方法与相关概念，进一步巩固认知。

（2）下力气攻克学习重点、难点。在几种图形变换中，旋转、放大与缩小对学生的综合能力要求高，思维难度大，是学生的学习难点，所以教师就在这些地方使力，组织学生动手操作，给他们充足的时间独立思考、合作交流。

三、练习提升——复习课的使命

数学是思维的体操，培养、提升思维是数学课的学科目标，当然也是复习课的使命。在《图形与变换》课中教师设计多层次、开放性的练习。

（1）练习形式多样。有填空、判断、画图、选择等，这些题目都紧紧围绕小学数学《图形与变换》的内容展开，根据班级学生的知识掌握和技能形成情况，有的放矢地进行练习，在教学中还要保证学生的参与度，这样的练习才是有效练习，有效练习能极大提高复习课的效率。

（2）练习拓展开放。开放的练习，能极大提高学生的思维品质，拓宽思维的广度与深度。如：给出教室地面的长、宽数据，请学生在纸上画出平面图。学生选择不同的比例尺进行缩小画图，这一练习就是开放性的。复习课的练习设计不仅要抓基础，抓重点，也要注重拓展与提高，以及后续知识的延伸。这些都需要教师去挖掘、思考。

《图形与变换》这节课，教师仅凭手中的粉笔和简单的PPT，带着学生对小学阶段所有的平面图形的变换进行了回顾、整理与提升，大道至简，简而有效，给我们展现了成功的复习课模式。

有效教学设计"特"字当头

江苏省邳州八义集中心小学　翟运胜

有效的教学设计是为了使教学更加有效，不论怎样设计，最终目的是要更加有助于学生的主动发展。有效的教学设计不应该纠缠于细枝末节，而应该宏观地看待教材，瞻前顾后地分析教材，深入浅出地钻研教材。在尊重教材的基础上超越，在吸纳教材的基础上扬弃。教学设计的过程，是把教材转变成学材的过程。教科书上对于定义、概念、公式等内容一般是以简短结论的形式出现的，这需要教师把教材变成学生自己可以进行探究的学材，使学生能够逐步自主发展，教师的价值与智慧也主要体现在这一转变的过程中。

有效的教学设计应该具备以下几个特性：

1. 科学性。数学教学设计是一项严谨求实的工作，不能有违科学性的原则，这一点也是教学设计的底线。例如在教学认识几分之几时，一位教师为了让学生感知 $\frac{1}{2}$ 大于 $\frac{1}{4}$，就让两个不同的学生分别把两张同样大纸的 $\frac{1}{2}$ 与 $\frac{1}{4}$ 涂满，看谁涂得快，结果出现了涂 $\frac{1}{2}$ 比涂 $\frac{1}{4}$ 还快的现象。学生涂得快慢受很多因素的影响，如此设计本身就是不科学的。

2. 目的性。在教学设计中教师应时刻地问一问自己：这个环节的目的是什么？如果不要行不行？有没有更有效的活动方式？修改预案的过程就是课前反思的过程。当教学设计中的每一个环节都能明确地指向教学目标，它所形成的教育现实无疑是高效的。

3. 可行性。教学设计的可行性具体体现在下面几个方面：

（1）没有放之四海而皆准的教学设计，教师在教学设计时需要从本校、本班的实际出发，科学地处理教材，灵活地驾驭教材，创造性地使用教材，尤其是要充分了解到学生在课前学习已经"走"到了哪里，这样才会使设计与学生的最近发展区相吻合，使学生的发展更加高效。

（2）有效的教学设计应该有利于转化成为教学现实，再精美的教学预案也仅仅是一幅蓝图，只有把它转变成教育现实才是有意义的。有效的教学设计应当非常有利于转变成教育现实，我们不能仅仅停止于纸上谈兵。例如，有些教学设计需要教师与学生课前准备的材料太多，对于教学硬件要求非常高，这是师生的精力所不允许的，在现实条件下不容易做到的，很难转变成教学现实的。

（3）有效地教学设计要着眼于常态化的教学。公开课在展示、传播某种教育教学理念方面，有不可替代的作用，我们对于一些有欣赏价值的教学内容的设计研究相对来说较为充分了，但是提高教育教学质量，促进学生发展不是靠那几节公开课，而是要靠平时持续的常态化课堂教学。因此我们应当多去探究常态化的课堂教学设计，调动起自己的教育智慧，使这些教学设计能够服务于常态化的课堂教学，使教学设计更加具有针对性与实效性。

4.思想性。思想教育不能局限在爱祖国、爱人民、爱社会主义等，重要的是要通过数学学习形成做事情一丝不苟、精益求精的习惯，不解决问题誓不罢休的决心，遇到挫折永不言败的信心。数学学习的过程其实也是人的习惯养成、意志磨练的过程，这也是数学学习赋予人生的意义，但是在数学教学中进行思想性教育的力度应当是很轻的，不能采用"贴标签"的方式来解决。

【案例1】

一位教师在教学一年级课程标准实验教材中《8的分合》时，提出了这样一个问题：如果你有8个苹果，在母亲节的时候，你准备怎样分这8个苹果呢？

生：母亲节到了，我准备把这8个苹果给妈妈4个，我留4个。

"你为什么这样分呢？"教师问。

生：我4个苹果，妈妈4个，一样多，这样谁也不吃亏。

教师未作任何评价。

生说：母亲节到了，我给妈妈5个苹果，我留3个。

教师微笑地问：你为什么这样分呢？

生：妈妈这么辛苦，在母亲节里应该多给她一些。

"你真是一个孝敬父母的好孩子！"教师热情地表扬了他。

其他学生纷纷举手回答，要把 8 个苹果分成 6 和 2，分成 7 和 1 等，都说在母亲节应该多给妈妈一些，教师都一一赞扬了他们。

这时，生 A 举手回答：我把 8 个苹果分成 8 个和 0 个，8 个苹果全都给妈妈吃。

这位教师满面微笑地问：你为什么这样分呢？

生 A：我一点儿都不喜欢吃苹果，所以我都给妈妈吃。

教师脸上的微笑霎时凝固起来，吃惊地说：不喜欢吃的东西才送给妈妈，你的思想有问题呀！

【案例 2】

一位教师为导入比例尺，先激情提问：生活在这个地球上，你有什么感受呢？

生：我们应珍惜这个地球上的一草一木。

生：地球太神秘了。

生：地球很辽阔。

生：这个地球太伟大了。

……

教师又问：地球的体积非常的庞大，而地图却只有这一页纸这么大，你对制作地图的人们有什么要说的吗？

生：你们的办法真多！

生：你们太了不起了！

教师看到学生迟迟说不到"点子"上去，进一步问：你们对制作地图的人有什么问题要提吗？

生：地球上面蓝色代表的海洋，它比陆地大多少呢？

生：地图上那种红色的线（停火线）表示什么意思？

……

学生的问题显然与本节课新授的内容格格不入，接着又站起来好几个学生，大都问与比例尺无关的问题。学生迟迟说不出教师期望的问题，教师有些着急：谁还有什么疑问呢？一生问道：地球这么大，是怎样画到纸上去的呢？

教师好像抓住了一棵救命稻草：你提的问题真好！大家知道是怎样画上去的吗？这就是这节课我们要探究的内容。

案例1中的生A把自己不喜欢吃的苹果给妈妈，就是思想有问题吗？我们更应该看到这个孩子身上有着诚实的品质。案例2中教师最初的意图是使学生感受到人们发明地图的伟大创举，激起探究的欲望。但为了这所谓的思想教育，却使得师生一起走了这么多弯路，值得吗？我想不如从学生熟悉的事物出发创设问题情境，直截了当地揭示问题。我是这样教学的——先出示一张江苏地图，问："大家都去过徐州吗？你们知道我们这里距离徐州有多远吗？"学生众说纷纭，最后统一为大约50公里。"那么在地图上，这两地是多长的距离呢？"几个学生在地图上测量，得到的结果为7.5厘米。"你们知道这是怎样画上去的吗？"学生根据已有经验和猜测，很自然地想到是把两地间的距离缩小到一定程度后画到纸上去的。"这缩小的程度就是图上距离和实际距离的比。这个比叫作这幅地图的比例尺，今天我们就来学习比例尺。"在学生自己抽象出比例尺的定义后，我提出邳州到徐州有多远，邳州到南京有多远等一些问题，鲜活的现实情境激起了学生的思考热情，学生一个个动手测量，积极思考，沉浸在愉悦的探究中。

教学永远具有教育性，但是数学教学中的思想教育具有内隐性，是一个不可以物化的东西，不能在教学环节上简单地"嵌入"。一些教师在课上为了让听课者看到他对学生的思想品德进行了有意识的培养，对某种精神进行了有意识的渗透，便采用了简单的"贴标签"的教学方式，比如像上面两个案例那样牵强附会所谓的"精神"，或把蕴含的思想硬"拎"出来展示，这样做的目的虽然很"明显"，却打击了学生说真话的勇气，给学生留下"做戏"的印象，无形中助长了说大话、空话的风气。思想与精神是师生的情感在课堂自然状态下的真情流露，是师生心与心的碰撞，精神与精神的会合。德育与数学教学，是水乳交融的关系，思想与精神要融会在整个教学过程中，也只有做到了这一点，思想与精神才能真正走进学生心里，最终积淀成良好的品质。例如在学习了百分数的意义后，我让孩子们读一读自己搜集来的反映地方近年经济发展并含有百分数的相关信息，提问：读了这些数据，你想说些什么呢？孩子们在搜集整理数据，练习读百分数，谈想法的过程中，亲身体会到百分数的用处之大，真切地看到了家乡的变化。这样融思想教育于教学过程中，润物细无声，使孩子们在耳濡目染中自然而然地加深了对家乡的热爱。

5.弹性。有效的教学设计在关键处应当是一种多维互动的并联结构，通俗地来说就是如果学生出现了情况一，教师就采用措施 A，如果学生出现了情况二，教师就采用措施 B，如果学生出现了情况三，教师就采用措施 C，这样教师能针对课堂中出现的具体情况选择最有效的预案，就不会因学生的"节外生枝"而手忙脚乱，使精彩成为"预约"。弹性的教学设计会使教学操作起来更加灵动，更加有利于维持学生的注意力，使教师在课堂驾驭方面处于主动的地位，更好地发挥出教师的主导作用。

6.简洁性。有效的教学设计应当是简洁的，具体地说就是要符合以下几点：

（1）步骤要少，不要太多。

【案例 3】

一位教师在教学百分数的意义时，介绍了百分号的写法后，让学生写 10 个百分号，学生没有写完，他就让学生暂停，然后组织学生用百分数说一说自己完成了多少。

生：我完成了 70%。

师：谁知道他写了多少个呢？

生：他写了 7 个。

师：通过这句话还可以知道些什么呢？

生：他还有 3 个没有写。

师：谁还能用不同的说法说一下自己完成的情况呢？

生：我还有 20% 没有完成。

生：我完成了 100%。

生：我再写 10% 就可以完成了。

......

案例 3 中学生既练习了百分号的书写，又用百分数说了自己的完成情况，进一步加深了对百分数的理解。教师通过非常简洁的步骤，达到了多重的教学目标，高效地完成了教学任务。

（2）情境要简，不要太繁。

教学情境不宜过繁，要尽可能使情节明快集中，便于学生集中精力与时间对问题作深入有效的研究讨论，用最简单的情节牵动学生最深沉的思考。有的教师在教学设计中处处都创设一个情境，并且情境过于庞大，使学生纠缠于冗杂具体的情境细节，浪费了课堂上宝贵的时间，影响了课堂教学效率的提高。生活中的数学较零散、肤浅、不严密、不成体系，因此我们从生活情境引入数学时应进行必要的"剪裁拼补"、进行适当的提炼，使之恰如其分，这样才能更有利于学生在课堂中高效地学习数学，从而更好地服务于生活。必要的话，我们可以采用"情境串"的设计方法，也就是创设一系列相关联的情境，将整节课链接起来。

【案例 4】

一位教师在进行工程应用题教学时，创设了这样一个情境素材。录音创设情境：

客户：周厂长，我有 60 米的布，全部用来做上衣可做 20 件，全部用来做裤子，可以做 30 件，如果用来做套装，可做多少套？

服装加工厂厂长：这个问题很好解决，不过还是留给同学们来解决吧。

学生纷纷举手回答问题：$60 \div (60 \div 20 + 60 \div 30)$。

接下来，教师组织学生又听一遍录音。

客户：周厂长，我有一批布，全部用来做上衣可做 20 件，全部用来做裤子，可做 30 件，如果用来做套装，可做多少套？

服装加工厂厂长：王老板，这批布是多少米呢？

客户：这个我也不是很清楚，不过完全可以求出来能做多少套。

服装加工厂厂长：这个问题把我难住了，谁能帮我解答一下呢？

教师给学生较充分的思考时间，老师相机提问：这个现实问题的数量关系是怎样的？

学生思考得出：上衣用布＋裤子用布＝这批布。

根据这个数量关系，你能列方程来解答吗？

学生尝试解答，小组内交流，然后展示学生的解答过程，学生口述自己的思考过程。

（3）环节要缓，不要太急。

根据小学生的年龄特点，在课内不宜进行一些节奏太快、环节太多的设计，这样会使学生产生紧迫与焦虑感，影响学习质量的提高。

【案例5】

一位教师在上《长方体的认识》这一节课时，先让学生从袋中摸出长方体，然后给学生提供了大量的操作材料，让学生用插、削、贴的方法做长方体。在学生操作时组织学生思考有什么发现，学生分小组用不同的方法拼装出这些长方体，然后汇报自己的发现。教师帮助整理，辅以一些有针对性的练习，从而使学生形成了对长方体特征非常全面深刻的认识，整节课的环节缓而有序，学生乐在其中。

7.节奏性。有效的教学设计还要注意有一定的节奏性，符合学生的注意力起伏规律，使学生能在最佳时间内探究未知，突破难点。

8.延伸性。在设计中要给予学生发现问题与提出问题的机会与时空，使提出问题成为课堂教学的一种常规，并且使学生每天能带着问题离开课堂，在脑中始终激荡着问题。

9.情境性。在情境中学习数学，理解数学，使数学学习更加有目的性，更加有趣味性。这里的情境主要是指充满生活味与数学味的问题情境，但情节不宜太繁、太滥，不能在强调生活味的同时丧失了数学味。

（1）创设具有现实性的情境。

具有现实性的问题能够引发学生的探究兴趣，强化动机意识，促使学生自主学习，且能使学生更好地理解他们要做的事情是什么，有助于学生调动已有的生活经验去解决问题，从而有利于问题的解决。例如在教学"147+98"简便计算时，可以创设这样一个现实情境：小明的爸爸原有147元钱，这个月的奖金是98元钱，但是会计没有零钱，该怎么办呢？这个现实问题极大地激起了学生的探究欲望，学生模仿会计先给小明的爸爸100元钱，接着小明的爸爸又找给会计2元钱，通过模仿与思考，学生们更好地理解了把接近整十整百的数看成整十整百数，多加了要减去的简便计算方法。

（2）创设具有思考性的情境。

创设问题情境的核心是要激活学生的思维，引导学生进行创造性的思考。是否具有思考性要看这个问题情境的呈现方式、开放程度，另外还要看这个问题情境对学生而言是初次遇到，还是已接触多次。一般来说，初次遇到的、条件设计较隐蔽、呈现方式文字化、解决步骤较多、开放程序较大的问题情境较有思考性。没有思考性的问题情境会使学生轻而易举地就获得结果，产生思维懈怠。

【案例6】

在教学《统计图》时，教师用表格的形式给学生呈现出某市9月份天气情况的一组数据，然后提出问题：看了这张表，你知道了些什么？

生：我知道了这个市9月份里18天是晴天，5天多云，4天是阴天，3天下雨。

生：我知道了这个市9月份晴天比下雨天多15天。

生：我知道了这个市9月份不下雨共有27天。

……

教师提出这个问题比提出一个个具体的问题要有思考性。另外还可以让学生以小组为单位根据表格内容互相提问，让学生质疑互动、合作探索，点燃起创新的火花。

（3）创设具有挑战性的情境。

数学课程标准在基本理念部分就明确提出：学生的数学学习内容应当是现实的、有意义的、富有挑战性的，这些内容要有利于学生主动地进行观察、实验、猜想、验证、推理与交流等数学活动。德国数学家希尔伯特说：

"一个数学问题应该是困难的，但却不应是完全不可解决而使我们白费力气。在通向那隐藏的真理的曲折道路上，它应该是指引我们前进的一盏明灯，并最终以成功的喜悦作为对我们的报偿。"他的这段话与数学课程标准中的相关陈述辩证地指出了创设问题情境一方面要具有挑战性，另一方面要使学生经过努力能达到胜利的彼岸，品尝到成功的喜悦。这两个方面是创设问题情境应遵循的基本原则。例如教学分数化成小数，书上只介绍用分子除以分母的一般方法，而对于分母是 20、25、125 的特殊分数还有更为简便的方法。出示 $\frac{1}{20}$、$\frac{1}{25}$、$\frac{1}{125}$，问学生：你们能找出把这三个分数化成小数的方法吗？这个颇具挑战性的问题情境使学生全身心地投入到思考中，最后得出利用分数的基本性质把这类分数的分母变成整十整百数，从而直接就可以化为小数了，成功使学生们体验到在寻找解决方法中的思维快乐。

（4）创设具有趣味性的情境。

一般来说，小学低年级的学生比较关注有趣好玩的事物，而中高年级的学生则开始对与现实生活密切相关的、有挑战性的问题情境更感兴趣，当然如果创设的问题情境能同时具备这些特点就再好不过了。我们在设计问题情境时，应尽量与学生的上述心理特点相适应。

【案例7】

在教低年级应用题时，一位老师就利用多媒体创设了这样一个问题情境：清清的池塘里有 6 只小鸭在快乐地游着，池塘边有 4 只小鸭悠闲地在那里休息。请问你可以提出哪些问题？

优美的画面，可爱的小鸭子激起了小学生的兴趣，大家纷纷提出以下问题：

池塘里的小鸭子与边上的小鸭子一共有多少只？

池塘里的小鸭子比边上的小鸭子多多少只？

边上的小鸭子比池塘里的小鸭子少多少只？

......

接着教师又创设了一个有趣的情境：池塘里的小鸭子与边上的小鸭子还可能是多少只？

学生们非常感兴趣，纷纷得出：

池塘里有 1 只，边上有 9 只。

池塘里有 2 只，边上有 8 只。

池塘里有 3 只，边上有 7 只。

......

有效创设问题情境是激发学生积极学习的重要手段，也是用数学的理性美去吸引学生的有效途径，在课堂教学中如果能力求使创设的问题情境符合现实性、挑战性、思考性、趣味性，就一定能使学生感受到数学的无穷魅力，引发强烈的学习动力，逐步使学生形成问题意识，提高学习效率与质量。

10. 个性。

教师的性格不同，知识智力背景不同，其教学风格自然也不相同，因此教学设计必然具有一定的个性特点。这是一个多元的世界，我们既反对不顾教育规律天马行空的教学设计，也反对没有自己个性、没有独立思想的教学设计。没有教师教学的个性飞扬，我想也就不会有学生充满生命力的个性思考。

我淡化了预设

——《秒的认识》备课反思

浙江省上虞市小越镇小 范立军

在绍兴第八届教坛新秀的评比中，我执教了《秒的认识》一课，旨在以鲜活的教学案例来诠释"自主探究，合作交流"的新课程理念，让学生以亲身的体验来感悟数学知识、掌握数学知识。

其中一个"感知几秒"的环节，我自认为非常得意。其过程简述为：

1.观察：大屏幕上的秒针从 12 走到了 3，说说秒针经过了多少秒？你是怎么知道的？

2.体验：闭上眼睛感受 15 秒，教师说开始，学生开始计时，认为到 15 秒了就轻轻地举手，看看和老师喊停的时间是否一致。

3.交流：请估计比较准的学生说说是怎么做的，猜猜学生太早或太晚举手的原因是什么。

4.再次体验 15 秒：在交流了正确估计方法之后，再次体验 15 秒。

在设计这一环节时，我仿佛看到了学生进行这一系列活动时的专注和获得成功以后的欣喜。在我的潜意识里，这样的设计是完美的，因为在几次试教的过程中，我都是这样上的，效果不错。带着这样的预设，加上近年来自认为充分吸纳的新课程理念，我的自信心很足，万事皆备，只等成功了。

终于等到了上课，开头很顺，一切都按着预定程序展开着，一直到了"闭眼体验 15 秒"这一环节。我开始被学生"生成"了……

师：接下去老师想让同学们换一种方法来体验一下 15 秒。请大家闭上眼睛，老师说开始，同学开始计时，你觉得什么时候到 15 秒了就举手。真正到 15 秒的时候，老师会喊时间到的。看看你能否和老师取得一致。好不好?

生:(齐)好!（学生个个摩拳擦掌、跃跃欲试）

师:预备,开始!（霎时间,教室里一片寂静,学生都闭着眼睛,静静地体验着时间一秒一秒地过去。几秒钟以后,有几个学生早早地举起了手。）

师:(15秒钟以后)时间到!（话音刚落,有几个小朋友恰在此时举手了,还有一些小朋友没有举手。）

师:老师发现有的小朋友很早就举手了,有的小朋友等到老师喊时间到了还没有举手。但是有几个小朋友的举手时间和老师喊停的时间是一致的。老师想让他们介绍一下,他们为什么会估计得这么准。

生:我在心里默默地数着1、2、3、4……一直数到15就举手,这样就和老师喊到的时间一致了。

生:我在桌子上敲一下,数一下,一直数到15就举手。这样就和老师喊到的时间一致了。

师:那你们猜猜是什么原因使一些小朋友举手过早或过迟了。

生:他们可能数得太快或者太慢了。每数一次的时间不是1秒。

师:说的有道理。我们在心里数的时候不能数得太快,也不能数得太慢。这样就比较准了。那接下去我们按照刚才我们所说的正确方法,再闭上眼睛来体验一下15秒,看看是不是比上一次有进步。同学们说好不好?

生:(齐)好!

（正当我准备要说"预备,开始!"的时候,有一个学生举手了。）

生A:老师,我对你刚才的做法有意见。

师:(我愣了一下问)你有什么意见?

生A:刚才到15秒的时候,你喊了一声"时间到"。有的小朋友数得不准确,一听到你喊就举手。这样小朋友就可以不动脑筋了。

[一瞬间,我的脑际闪过若干念头。预设时,我根本没有考虑到这一问题,我有一种预感,原先精心设计的方案及课件有可能要被打入冷宫了。无奈的我准备采用延迟处理的方法。但生A的发言,已经直接指向了我教学设计上的漏洞,把我推向了尴尬的境地,是搁置、延迟还

是接茬（"放大"或"缩小"）？面对学生真诚的指正，搁置、延迟免不了给人忽悠学生、明知不可为而为之的感觉，与当前课改的要求相左。现在各科课堂教学都在追求"无法预约的精彩"，现在"精彩"就在身边，能置之不理吗？看来，我也只有放弃原有的设计，整合现有的教学资源，放手一搏了。]

师：那你有什么好办法来帮老师解决这个问题呢？（把"球"踢给学生，我为自己体面地赢得了思考的时间。）

生A：我们可以同桌两人合作，左边小朋友闭上眼睛，老师说"开始"，就在心里估计15秒的时间，自己认为时间到了，就轻轻拍一下同桌的小朋友。右边小朋友负责看着钟面计时（看电脑钟面演示，没有声音）。当同桌的小朋友拍你时，告诉他估计得是否准确。

师：（我心里暗暗佩服，"这小家伙真厉害！"）充满创意的方法，比老师的方法高明多了。那么现在就让我们用这位小朋友说的方法和同桌一起再来体验一下15秒。好吗？

生：（齐）好！

……

新课程最打动人的地方莫过于它所带来的全新理念了。在不断的学习培训、积累反思后，我们逐渐认识到，在过去的课堂教学里，"教案"成为教师教学活动不可动摇的"指挥棒"和至高无上的"准则"，这种"约定式"的教学是造成学生机械呆板、思维僵化、行为划一的"万恶之源"；教师在教学过程中应促进学生在教师的指导下主动、富有个性地学习，课堂是教师、学生互动交往的场所，每节课都是不可重复的激情与智慧的综合过程。课堂上经常会出现教师在预设中所想象不到的新情况、新事物或生发出新的教学资源，如果无视这种新情况、新资源，课堂处于走"教案"的封闭状态，则违背了课程的终极目标。

从整个教学过程看，教师"预设"的痕迹已渐次淡化，取而代之的是基于平等意义上的一种即兴的互动；课堂中"线性"的程序已渐次消退，更多的则是精彩纷呈的对白、各具特色的设计。学生在课堂里真正经历着"做数学"和"用数学"的过程，将自己的身心融入课堂，这对于学生数学素养的培育而言，意义甚大。

一方面，"生成"使"预设"的目标更加多维；另一方面，"生成"使"预设"的过程更加丰盈。

"数学教学是数学活动的教学，是师生之间、生生之间交往互动与共同发展的过程。"这是数学课程标准对数学教学的引领，也是课改形势下课堂教学与传统教学的本质区别。就课堂的整体结构来看，本片段是循着"规律的预见、规律的提炼、规律的明晰与规律的延展"等几个大的版块展开，使整个教学过程形成一个动态的教学活动整体，确保师生活动指向清晰、目标明确。但在每一版块的具体运作中，教者给学生留下了足够的空间，由学生自创材料、自行探索、自我矫正、自我完善，并更多地关注课堂教学中的动态生成，关注学生的信息反馈，来"现场化"展开教学过程。在此过程中，既有学生的观察与思考，又有学生的列举与表述；既有小组的合作交流，又有学生个体的独立思考；既有学生的自主探索，又有师生之间、生生之间的立体交叉活动。在这一互动过程中，每个学生都得到了均等的参与机会，每个人的才能都得到了充分的展示。

图书在版编目（CIP）数据

名师备课新思维·数学卷／雷玲主编．—上海：华东师范大学出版社，2016

ISBN 978 - 7 - 5675 - 5852 - 6

Ⅰ.①名... Ⅱ.①雷... Ⅲ.①数学课—教学设计—中小学 Ⅳ.① G633

中国版本图书馆 CIP 数据核字（2016）第 273577 号

大夏书系·教学艺术

名师备课新思维（数学卷）

主　　编	雷　玲	
策划编辑	李永梅	
审读编辑	张思扬	
封面设计	奇文云海·设计顾问	

出版发行　华东师范大学出版社
社　　址　上海市中山北路 3663 号　邮编　200062
网　　址　www.ecnupress.com.cn
电　　话　021－60821666　行政传真　021－62572105
客服电话　021－62865537
邮购电话　021－62869887　地址　上海市中山北路 3663 号华东师范大学校内先锋路口
网　　店　http：//hdsdcbs.tmall.com

印　刷　者　北京密兴印刷有限公司
开　　本　700×1000　16 开
插　　页　1
印　　张　15
字　　数　230 千字
版　　次　2017 年 1 月第一版
印　　次　2020 年 11 月第三次
印　　数　8 101-9 100
书　　号　ISBN 978 - 7 - 5675 - 5852 - 6/G·9933
定　　价　35.00 元

出　版　人　王　焰

（如发现本版图书有印订质量问题，请寄回本社市场部调换或电话 021-62865537 联系）